Martin Wohlrab

Die altklassischen Realien im Gymnasium

Martin Wohlrab

Die altklassischen Realien im Gymnasium

ISBN/EAN: 9783743372122

Hergestellt in Europa, USA, Kanada, Australien, Japan

Cover: Foto ©Paul-Georg Meister /pixelio.de

Martin Wohlrab

Die altklassischen Realien im Gymnasium

Die altklassischen Realien im Gymnasium.

Von

Martin Wohlrab,
Rektor des Königl. Gymnasiums zu Dresden-Neustadt.

Vierte, verbesserte und vermehrte Auflage.

--

Mit zwei Plänen.

Leipzig,
Druck und Verlag von B. G. Teubner.
1898.

Vorwort zur ersten Auflage.

Die Behandlung der Abschnitte aus der klassischen Altertums=
wissenschaft, die im Gymnasium zu bieten sind, leidet meistenteils
an zwei Übelständen, erstens an Unsicherheit über das Maß dessen,
was für die Schüler auszuwählen ist, zweitens an Zusammen=
hangslosigkeit, insofern die nachfolgenden Lehrer in der Regel keine
klare und volle Übersicht über das haben, was von den vorher=
gehenden getrieben worden ist.

Zu einem zutreffenden und sicheren Urteil über den Umfang
des Mitzuteilenden kann man nur durch einen Überblick über das
kommen, was das Gymnasium auf diesem Gebiete überhaupt zu
leisten hat, und da diesen Überblick erst der ganz hat, welcher das
Bedürfnis aller Klassen kennt, so ist es kaum zu verwundern,
wenn namentlich Lehrer, die zum ersten Male Partien aus diesem
Gebiete mit ihren Schülern durchnehmen, Mißgriffe machen, ins=
besondere leicht eine zu hohe Meinung von dem haben, was zu
verlangen und zu erlangen ist. Dazu kommt, daß das meiste als
Einleitung zur Lektüre der Schriftsteller gegeben wird, also zu
Anfang des Schuljahres oder des Semesters, in dem noch keine
so bringende Veranlassung vorliegt, sich den Wert der einzelnen
Stunde klar zu machen, als das manchmal am Ende dieser Zeit=
abschnitte der Fall ist.

Allgemeine Gesichtspunkte zur Festsetzung der Grenzen auf=
zustellen wird nicht leicht sein. Praktischer und sicherer zum Ziele
führend schien der Weg zu sein, gleich einmal eine Zusammen=
stellung alles dessen zu geben, was dem Schüler aus dem Gebiete
der Altertumswissenschaft mitzuteilen ist. Es ist eigentlich nicht
recht verständlich, warum das, was zum Erlernen der Sprachen
dient, in den Schulgrammatiken zusammengefaßt ist, das Wesent=
liche von dem aber, was zum sachlichen Verständnis der Schul=

schriftsteller erforderlich ist, noch nie für die Zwecke des Unterrichtes bearbeitet und in einem Buche vereinigt worden ist. Oder sollte der Erklärungsgrund dafür in dem Umstande liegen, daß man über der Sprache zu lange und zu ungebührlich die Sache hintangesetzt hat? Mit dieser mangelnden Fixierung der Stoffes hängt der zweite Übelstand zusammen, nämlich der, daß sich für die altklassischen Realien kaum eine so zuverlässige Tradition gebildet hat wie für die Grammatik. Wie wäre das auch möglich, so lange es an einem Hilfsbuche fehlt, das dem Lehrer und dem Schüler den erforderlichen Anhalt giebt? Was in der einen Klasse durchgenommen ist, geht zu leicht verloren, wenn in der folgenden nicht darauf zurückgekommen wird. Ja, es kann auch geschehen, daß es von einem anderen Lehrer wieder behandelt wird, als wäre es noch nie dagewesen. Sollte nicht die Einleitung in den vielgelesenen Cicero ein stehender Artikel in mehr als einer Klasse sein? Um also die heilsame Kontinuität, deren sich der grammatische Unterricht erfreut, auch auf dem Gebiete der Realien zu ermöglichen, schien es nötig zu sein, in einem Buche alles zu vereinigen, was der Schüler auf demselben beherrschen soll.

Es kann dabei wohl die Besorgnis rege werden, als träten mit diesem neuen Buche neue Forderungen an die schon vielgeplagten Schüler heran. Nichts lag mir ferner, als den Klagen wegen Überbürdung Vorschub zu leisten. Um ihnen zu begegnen, genügt wohl ein Hinweis auf das, was mein Büchlein bietet. Es dürfte sich dasselbe wenig von dem entfernen, was bisher schon im Gymnasium behandelt und verlangt worden ist. Und da man zur Aneignung dieses Stoffes einen Zeitraum von sechs Jahren zur Verfügung hat in zwei Fächern, die wöchentlich mit etwa fünfzehn Stunden getrieben werden, so wären vielleicht auch die nicht im Unrecht, welche denselben verhältnismäßig etwas dürftig finden sollten. Ausdrücklich aber möchte ich noch hervorheben, daß durch mein Buch die Examensorgen der Oberprimaner insofern nicht vermehrt werden, als Neues sehr wenig an sie herantritt, sondern ihnen fast nur die Aufgabe zufällt, einen Rückblick auf das bereits Gelernte anzustellen.

Es ist mir nicht unbekannt, daß der im vorliegenden Büchlein niedergelegte Stoff vielfach von den Schülern in Kollektaneenheften zusammengestellt wird. Werden diese vom Lehrer nicht kontrolliert, so läßt die Zuverlässigkeit in den Namen und Daten meist viel zu wünschen übrig und das ist bei Dingen, die dem Gedächtnis eingeprägt werden sollen, recht mißlich. Durch Diktieren läßt sich dieser Übelstand allerdings vermeiden. Doch dürfte diese Form, dem Schüler Lehrstoff zu überliefern, so viele Anhänger nicht mehr haben. Jeder wird ein gedrucktes Buch vorziehen, wenn es halbwegs seinen Intentionen entspricht. Das vorliegende aber hofft sich dadurch den Lehrern zu empfehlen, daß es ihre Freiheit in der Ausführung möglichst wenig einschränkt.

Den Stoff habe ich in dem Umfange vorgeführt, in welchem er in den mittleren und oberen Klassen zur Verwendung zu kommen pflegt. Mir scheint jeder Versuch, die Realien, soweit sie die Schule braucht, systematisch zu bearbeiten, zu einer Darstellung zu führen, die nicht schulgemäß ist. Jede Systematik entnimmt ihre Gesichtspunkte lediglich dem Stoffe selbst; ihre wesentlichen Vorzüge sind Vollständigkeit und Gleichmäßigkeit. Sie muß also erstens manches bringen, was in der Schule keine Verwendung finden kann, zweitens das, was die Schule nicht braucht, ebenso ausgiebig behandeln, wie das, was sie braucht, oder auch umgekehrt, sie kann das, was die Schule braucht, nicht ausführlicher bringen, wie das, was sie nicht braucht. Nicht die Forderungen der Systematik also können für die Behandlung der Schulrealien bestimmend sein, sondern lediglich die Bedürfnisse der Schule selbst. Der Standpunkt der Klasse ist der Maßstab nicht nur für das, was man giebt, sondern auch für die Art, wie man es giebt.

Und so stellt das vorliegende Büchlein klar vor die Augen, daß die Behandlung der altklassischen Realien auf dem Gymnasium Stückwerk ist wie manches andere. Aus dem weiten Umkreise der Altertumswissenschaft kann es nur das für die allgemeine Bildung Bedeutsame, das mit der Lektüre im engsten Zusammenhange Stehende auswählen. Aber das genügt auch vollkommen für seine Zwecke. Will doch das Gymnasium überhaupt nirgends zu irgendwelchem wissenschaftlichen Abschluß gelangen, sondern nur den wissenschaftlichen Sinn wecken und pflegen. Zur Erreichung dieses Zieles ist aber die gründliche Durcharbeitung kleinerer Abschnitte unendlich förderlicher, als der Versuch, einen Stoff erschöpfend zu behandeln, ein Ziel, das nur der Oberflächliche sich stecken kann.

Selbstverständlich habe ich alles unberührt gelassen, was der Geschichte angehört. Da mein Hilfsbuch nur der Lektüre der Schriftsteller dienen und zur Seite stehen will, so galt es in den Abschnitten, die den Kriegs= und Rechtsaltertümern entnommen sind, lediglich gewissermaßen Querdurchschnitte durch die historische Entwickelung zu geben, wie sie in bestimmten Schriftstücken zur Darstellung kommen. Für den Geschichtsunterricht aber werden dieselben dadurch förderlich sein, daß sie gewisse Epochen in eine vollere Beleuchtung stellen. Die Versuchung lag sehr nahe, noch manches kulturhistorisch Bedeutsame und für die tiefere Erfassung des Altertums Wichtige aufzunehmen, doch glaubte ich mich zunächst auf das Notwendigste beschränken zu sollen.

Hinsichtlich des gegebenen Materiales nur noch wenige Bemerkungen.

Die Notizen über die Schriftsteller werden wohl immer der Lektüre vorausgehen. Sie sind im vorliegenden Buche etwas dürftiger ausgefallen, als die in den gangbaren Schulausgaben enthaltenen Einleitungen, dürften aber allerdings ohne Zuthat des Lehrers nicht durchaus verständlich sein. Gegen die übermäßige Ausführlichkeit der Einleitungen hat sich neuerdings eine nicht unberechtigte Reaktion erhoben. Dieselbe erschwert es dem Schüler in hohem Grade, das Wesentliche zu erfassen und sich anzueignen. Namentlich wird das kaum Eigentum des Schülers bleiben, was er zerstreut in mehreren Büchern zu suchen hat, ganz abgesehen davon, daß sie nicht selten in Verlust geraten. Gerade in diesem Punkte schien mir die Vereinigung alles Wissenswerten in einem Bändchen ein großer Vorteil zu sein.

Nur das über Homer Gegebene wird niemand an den Anfang der Beschäftigung mit diesem Schriftsteller setzen. Die Sprache und der Überblick über den Inhalt nehmen da den Schüler vollauf in Anspruch. Erst muß man den Homer durch die Lektüre schon gut kennen gelernt haben, ehe man die an ihn sich anknüpfenden Fragen mit ihren eigentümlichen Schwierigkeiten berührt.

Diese litterarhistorischen Partien wolle man übrigens nicht vom Standpunkte der Wissenschaft, sondern nur vom Standpunkte der Schule aus beurteilen. Man würde sonst recht Vieles und Wesentliches vermissen. Es lag mir gänzlich fern, Charakteristiken und Urteile zu geben. Der Schüler soll sich nicht gewöhnen, diese als etwas Fertiges anzusehen und zu lernen, wie die geschichtlichen Notizen, sondern soll unter Anleitung des Lehrers bei der Lektüre selbst dazu geführt werden, die Eigentümlichkeiten des Schriftstellers zu erfassen. Nur das hat Wert für ihn. Und so ist es gekommen, daß die litteraturhistorischen Partien nur das Notwendige über den Lebenslauf, die Zeitverhältnisse und die Werke der Schriftsteller beibringen.

Doch schien es mir rätlich zu sein, diesen Abschnitten meines Buches eine gewisse Abrundung zu geben. Einesteils sind fast alle bedeutsamen Erscheinungen einzeln vorgeführt worden, andernteils hat man bei der Lektüre noch manchen interessanten Schriftsteller kennen gelernt. Alle diese Namen lassen sich nur durch einen Überblick über die gesamte Litteraturgeschichte an den Platz rücken, an den sie gehören. Und dieser Überblick, verbunden mit Andeutungen über den Entwicklungsgang der griechischen und römischen Litteratur, schien mir ein sehr wünschenswerter Abschluß der schulmäßigen Beschäftigung mit derselben zu sein.

Die Abschnitte über die öffentlichen Versammlungen und das Gerichtswesen der Griechen und Römer werden vor der Lektüre der Reden durchzunehmen sein, deren Verständnis sie fördern sollen. Denn eine Rede ist nicht etwas für sich Bestehendes, wie eine geschichtliche Erzählung oder eine philosophische Abhandlung oder ein Gedicht; sie gehört immer in den Zusammenhang einer größeren Verhandlung, ist gleichsam ein Teil eines Dramas, das sich vor Gericht oder in einer politischen Versammlung abspielt. Es wird also unumgänglich sein, von der Scenerie zu sprechen, von den anwesenden Personen, von der Stelle, an welcher der Redner spricht. Fast scheint es, als ob dieser Gesichtspunkt bei der Erklärung der Reden zu sehr in den Hintergrund träte, und doch verdient er um so mehr hervorgehoben zu werden, als ja auch in den Geschichtswerken der Alten die Reden eine so hervorragende Rolle spielen.

Die Abschnitte über das Kriegswesen, die Philosophenschulen wird wohl niemand gleich an den Anfang der Lektüre eines Schriftstückes setzen. Erst wenn sie vorgeschritten ist, erst wenn man den in Frage kommenden Begriffen schon öfters begegnet ist, oder aus Anlaß einer besonders dazu einladenden Stelle wird man darauf kommen. Der Segen, den Zusammenstellungen, wie die über das Kriegswesen, stiften sollen, besteht darin, daß sie in

Massen von Begriffen, die vorher wirr durch den Kopf des Lesenden schwirrten, Ordnung und Übersicht bringen und ihm so zur Herrschaft über ein ganzes Gebiet verhelfen. Der Lehrer wird vielleicht noch vielfach Veranlassung haben, bei der Lektüre derartige Gruppierungen auch für andere Stoffe zu geben. Ich glaubte, mich auf die umfangreichsten Gebiete beschränken zu sollen. Möglich aber, daß ich diese Zusammenstellungen erweitere, wenn sie Anklang finden.

Der metrologische Anhang ist natürlich mehr für das Nachschlagen als für das Auswendiglernen bestimmt.

Nicht unerwähnt will ich lassen, daß sich mein Büchlein vielleicht denen besonders empfiehlt, welche die Textausgaben den kommentierten vorziehen, insofern es die wesentlichen Notizen bietet, die sie den Schülern doch nicht vorenthalten können.

Schließlich noch eins. Niemand wird mir wohl die Meinung unterschieben, als sei das ganze Buch im Gymnasium unter allen Umständen durchzunehmen. Werden doch auch namentlich in den oberen Klassen nicht alle Schriftsteller, die gelesen werden können, thatsächlich gelesen. Wo also kein Anlaß ist, auf einen Abschnitt einzugehen, wird man ihn beiseite lassen. Auch das kann fraglich sein, ob und in welchem Umfange man die nichtklassische Litteratur der Griechen und Römer berücksichtigt. Daß aber im allgemeinen das, was mein Buch enthält, in den Kreis der Gymnasialbildung gehört, dürfte wohl kaum bestritten werden. Und wenn das Auge des Schülers auf manches fällt, was in den Stunden selbst nicht vorkam, wird das kein Schade für ihn sein.

Fördernde Teilnahme hat meine Arbeit von einigen meiner Herren Kollegen erfahren, von keinem mehr als von Herrn Prof. Gerth. Auch hat mir Herr Oberschulrat Dr. Hultsch einige Notizen für den metrologischen Anhang gegeben. Für alles herzlichen Dank!

Dresden-Neustadt, den 5. August 1889.

Aus dem Vorworte zur zweiten Auflage.

Zwei Abschnitte sind neu hinzugekommen, der über das Verkehrswesen bei Homer und der über die höheren Magistrate bei den Römern. Selbstverständlich habe ich mich bei der Behandlung des Schiffswesens an Breusings Nautik der Alten angeschlossen. Ausdrücklich sei noch hervorgehoben, was sich aus dem Vorwort zur ersten Auflage und der ganzen Anlage des Büchleins von selbst ergiebt, daß ich nur einen Grundriß der Schulrealien, also nur Andeutungen und Gesichtspunkte geben wollte, deren ausführlichere Behandlung dem Lehrer überlassen bleibt. Derselbe wird sich dabei vielfach der Anschauungsmittel bedienen, die gerade unsere Zeit in so erfreulicher Fülle bietet. Die Annahme eines Recensenten aber, daß sich ein Lehrer damit begnügen werde, die Paragraphen dieses Grundrisses einfach auswendig lernen zu lassen, ist mir ebenso unmöglich erschienen, wie mir die Ansicht eines anderen unverständlich ist, daß sich ohne eine gewisse Summe solcher zunächst äußerlicher Kenntnisse zu einer Geläufigkeit im Lesen der Schriftsteller gelangen lasse.

Übersetzt ist mein Büchlein ins Holländische durch J. van Wageningen in Groningen. Den Titel Gids voor Gymnasiasten scheint es deshalb erhalten zu haben, weil als Anhang eine kurze Übersicht der Prosodie und Metrik gegeben ist.*)

Dresden-Neustadt, den 2. Juni 1890.

Vorwort zur dritten Auflage.

Da die zweite Auflage meines Büchleins, obwohl sie wesentlich stärker war als die erste, im Laufe weniger Jahre vergriffen ist, so darf ich wohl hoffen, daß es sich mehrfach als brauchbar erwiesen hat. Ich hatte deshalb keine Veranlassung in der Anlage

---

*) Von diesem Buch ist 1897 eine zweite Auflage erschienen.

etwas zu ändern, aber Verbesserungen habe ich an mehreren Stellen vorgenommen und will damit gern fortfahren, wenn dem Buche die Gunst der Fachgenossen erhalten bleibt.

Vielen Dank schulde ich Herrn Rektor Prof. Dr. Meltzer hier nicht nur für seine Anzeige im 12. Heft der Jahrbücher für Philol. und Pädag. II. Abt. 1892, sondern auch für zahlreiche wertvolle Winke, die er mir außerdem gegeben hat. Auch mein lieber Kollege Herr Dr. Albrecht hat sich teils durch Mitteilung seiner Beobachtungen namentlich zu Xenophon teils durch das Lesen einer Korrektur um das Büchlein sehr verdient gemacht.

Um die Erlaubnis zu Übersetzungen bin ich von mehreren Seiten gebeten worden. Zugegangen ist mir nur die Übersetzung ins Russische von E. Kiriczinsky.

Dresden-Neustadt, den 27. Januar 1895.

Vorwort zur vierten Auflage.

Die vierte Auflage unterscheidet sich dadurch von der vorhergehenden, daß sie einige Erweiterungen erhalten hat. Neu hinzugekommen ist zunächst der Abschnitt über die homerischen Götter. Da mein Buch wesentlich der Einprägung des Notwendigsten dienen will, sind bei jeder Gottheit die Begriffe möglichst übersichtlich zusammengestellt, die ihr Wesen ausmachen. Auf diese Weise wird, so hoffe ich, eine genügende Grundlage für die griechische Mythologie geschaffen. Weiter bringt die neue Auflage eine Topographie von Athen und Rom, den beiden Mittelpunkten des klassischen Altertums, ohne deren Kenntnis doch manches unklar bleibt. Zu ihrem besseren Verständnis sind zwei Kärtchen beigegeben.

Daß überall die bessernde Hand thätig war, wird man leicht erkennen. In dem Abschnitte über das homerische Haus habe ich mich Henkes sorgfältiger Darstellung angeschlossen.

Dresden-Neustadt, den 22. März 1898.

Voßlrab.

Inhaltsangabe.

Erster Teil. Die Griechen.

Seite

Die Litteratur .... 1—22
Die Philosophie .... 22—28
Zu Homer:
    Haus, Hausgerät und Kleidung .... 28—31
    Das Verkehrswesen .... 31—34
    Das Kriegswesen .... 34—36
    Die Götter .... 36—44
Zu den Tragikern:
    Das athenische Theaterwesen .... 44—46
Zu Xenophon:
    Das Kriegswesen .... 46—49
Zu den Rednern:
    Das athenische Gerichtswesen .... 49—51
    Die athenische Volksversammlung .... 52—53
Die Stadt Athen .... 53—55

Zweiter Teil. Die Römer.

Die Litteratur .... 56—74
Zu Cäsar:
    Das Kriegswesen .... 75—80
    Der Julianische Kalender .... 80—81
Zu Cicero:
    Die höheren Magistrate .... 81—84
    Senat und Volksversammlung .... 85—88
    Das Gerichtswesen .... 88—89
Die Stadt Rom .... 89—92

Anhang.

Metrologisches .... 93—95

Die Verteilung des Stoffes nach den Klassen.

Tertia.

	Seite
C. Julius Cäsar	64—65
Das römische Kriegswesen zu Cäsars Zeit	75—80
Der Julianische Kalender	80—81

Untersekunda.

Xenophon	13—14
Das griechische Kriegswesen zu Xenophons Zeit	46—49
Ciceros Leben	68—70
Die höheren Magistrate der Römer zu Ciceros Zeit	81—84
Senat und Volksversammlung der Römer zu Ciceros Zeit	85—88
Das römische Gerichtswesen zu Ciceros Zeit	88—89
P. Ovidius Naso	63—64

Obersekunda.

Die Logographen und Herodotos	11—12
Die attischen Redner	16—19
Das athenische Gerichtswesen	49—51
Haus, Hausgerät und Kleidung bei Homer	28—31
Das Verkehrswesen bei Homer	31—34
Das Homerische Kriegswesen	34—36
Die Götter	36—44
Homer	1—5
Die römischen Geschichtsschreiber bis auf Livius	64—67
P. Vergilius Maro	61

Unterprima.

Demosthenes	18—19
Die athenische Volksversammlung als Schauplatz der politischen Beredsamkeit	52—53
Die griechische Philosphie	22—28
Die griechische Tragödie	8—10
Das athenische Theaterwesen	44—46
Ciceros Schriften	70—72
Q. Horatius Flaccus	62—63

Oberprima.

Thukydides	13
Tacitus und die Historiker der Kaiserzeit	73—74
Überblick über die Entwicklung der griechischen Litteratur	1—22
Überblick über die Entwicklung der römischen Litteratur	56—74

Erster Teil.
Die Griechen.

Die Litteratur.

§ 1. Die Entwicklung der Litteraturgattungen.

Die griechische Litteratur hat eine vollkommen organische Entwicklung gehabt. Zuerst entstand die Poesie, einige Jahrhunderte später die Prosa, und zwar von den Gattungen der Poesie zuerst das Epos, dann die Lyrik, zuletzt das Drama, von den Gattungen der Prosa zuerst die Geschichtsschreibung und die Philosophie, zuletzt die Beredsamkeit. Die epische und lyrische Poesie entwickelten sich unter den Joniern, Äoliern und Doriern namentlich in Kleinasien, das Drama in Attika, die Anfänge der Geschichtsschreibung und Philosophie gehörten dem ionischen Kleinasien an, die Blüte derselben und die ganze Entwicklung der Beredsamkeit erfolgte in Attika.

I. Die klassische Zeit.

A. Die Blütezeit der Poesie.
Bis zum Ende des peloponnesischen Krieges.
(Bis 404 v. Chr.)

a) Das Epos.

Homeros.

§ 2. Die Anfänge Homerischer Dichtung.

Aus den Homerischen Gedichten selbst ersehen wir, daß die Vorkommnisse des trojanischen Krieges in epischen Gesängen behandelt worden sind. Es gab einen Stand der Sänger (ἀοιδοί), der sich an den Königshöfen und beim Volk großer Achtung erfreute und bei häuslichen und öffentlichen Festen die Thaten der Helden (κλέα ἀνδρῶν) in epischen Gesängen (ἔπεα) feierte. So besingt Phemios die Rückkehr der Griechen, Demodokos den Streit zwischen Achilleus und Odysseus und Trojas Einnahme durch das hölzerne Roß.

Solche epische Gesänge, die sich an den trojanischen Krieg anschlossen, werden nicht lange nach demselben entstanden sein. Dafür spricht einerseits die umfangreiche Detailschilderung, wie sie uns in den Homerischen Gedichten erhalten ist, andererseits die große Gleichmäßigkeit des Tones und Einheitlichkeit der Anschauung, die bei größerer Entfernung vom Ausgangspunkte jedenfalls durch das Eindringen von Elementen aus der Zeit der späteren Bearbeiter gestört worden wäre.

Niedergeschrieben waren diese Gedichte nicht. Darauf weist die Mannigfaltigkeit und Unbestimmtheit der sprachlichen Formen bei Homer hin, die mit der Fixierung der Sprache durch die Schrift unvereinbar ist, darauf weist insbesondere das Digamma hin, das zur Zeit der Entstehung dieser Gedichte noch gehört wurde, aber aus dem Bewußtsein bereits entschwunden war, als sie aufgezeichnet wurden. Auch kommt in den Homerischen Gedichten die Schreibkunst in unserem Sinne nicht vor. Alles wurde mündlich verhandelt und überliefert.

§ 3. Die Verbreitung der Homerischen Gesänge.

Ist die Aufzeichnung der ältesten Homerischen Gesänge ausgeschlossen, so bleibt nur übrig, daß sie durch mündlichen Vortrag weiter verbreitet wurden. Das ist um so wahrscheinlicher, als das Bestehen von Sängerschulen, die sich die Pflege des epischen Gesanges zur Aufgabe machten, eine historische Thatsache ist. Die ῥαψῳδοί trugen besonders bei Festversammlungen Homerische Gedichte vor, die Ὁμηρίδαι, eine Genossenschaft auf Chios, widmeten sich der Fortpflanzung derselben.

Einen Anhalt über die Verbreitung dieser Gesänge geben uns die Epigramme, welche vom Vaterlande des Homer handeln. Am bekanntesten ist folgendes:

Ἑπτὰ πόλεις διερίζουσιν περὶ ῥίζαν Ὁμήρου·
Σμύρνα, Ῥόδος, Κολοφών, Σαλαμίν, Ἴος, Ἄργος, Ἀθῆναι,

wozu sich als Varianten Kyme, Chios u. a. finden. Diese angeblichen Geburtsstätten des Homer bezeichnen die Orte, an denen epische Sängerschulen auftraten und zur Blüte gelangten.

Die Volksstämme, bei benen sich der Vortrag dieser epischen Gesänge einer besonderen Pflege erfreute, waren der äolische, der in Kleinasien seinen Sitz auf dem Schauplatze des trojanischen Krieges hatte, und der sich vielfach mit ihm vermischende ionische. Dafür spricht erstens der Umstand, daß die Sage selbst diesen Stämmen in erster Linie angehörte, zweitens die Sprache der Gedichte, die aus einer Verbindung des ionischen mit dem äolischen Dialekte hervorgegangen ist.

Eine besondere Bedeutung für die Homerischen Gedichte scheint Smyrna gehabt zu haben, eine Stadt, die von Äoliern und Joniern nacheinander besiedelt wurde.

Diese mündliche Tradition der Homerischen Gedichte wird sich über ein paar Jahrhunderte erstreckt haben.

§ 4. Homer.

Als Träger der gesamten auf den trojanischen Sagenkreis bezüglichen epischen Poesie wird Homer bezeichnet. Er ist in diesem Sinne nicht als Individuum, sondern als Vertreter einer Gattung aufzufassen.

Im Mittelpunkte dieser Epen stehen Ilias und Odyssee.

Um diese beiden gruppierte sich noch eine größere Zahl von Gedichten, die man den epischen Cyklus nennt. Obgleich auch diese auf Homer zurückgeführt werden, so finden sich doch bei den einzelnen Gedichten auch andere Verfasser angegeben. So behandelten die dem Stasinos aus Kypern zugeschriebenen Κύπρια die der Ilias vorausgehenden Ereignisse, während die Αἰθιοπίς und Ἰλίου πέρσις des Arktinos von Milet sich an die Ilias anschließen. Νόστοι hatte man von Agias aus Troizen.

Da der epische Cyklus im 8. Jahrhundert entstand, so müssen zu dieser Zeit Ilias und Odyssee in ihrem jetzigen Umfange abgeschlossen gewesen sein.

Die Vereinigung der bis dahin mündlich fortgepflanzten Einzellieder zu den beiden großen Ganzen schreibt man dem Homer zu, der in diesem Falle als Person zu nehmen ist. Über ihn ist uns nichts Sicheres überliefert. Wenn er blind genannt wird, so ist das gegenüber dem lebensvollen Inhalt seiner Gedichte unmöglich eigentlich zu verstehen; fast allen mythischen Sängern wird diese Eigenschaft beigelegt. Aber seine Leistung ist jedenfalls eine hervorragende und in der Geschichte der griechischen Litteratur Epoche machende, wenn auch nicht zu leugnen ist, daß der Hauptreiz der nach ihm genannten Dichtungen in den ursprünglichen Einzelliedern liegt.

1*

§ 5. Solon. Die Peisistratiden.

Solon ordnete den öffentlichen Vortrag der Homerischen Gedichte an den Panathenäen, dem größten Feste Athens, an. Um der Willkür der Rhapsoden zu steuern, die an den ursprünglichen Gedichten mancherlei Veränderungen vornahmen, verlangte er, sie sollten schriftliche Exemplare zu Grunde legen. Daburch aber, daß die Rhapsoden nur einzelne Teile der Homerischen Gedichte vortrugen, lag die Gefahr nahe, daß dieselben als Ganze verloren gingen oder in Verwirrung gerieten. Um dies zu verhüten, vereinigte sie Peisistratos unter Mitwirkung von mehreren Dichtern wieder zu zwei einheitlichen Ganzen.

Des Peisistratos Sohn, Hipparchos, ergänzte die Solonische Verordnung dahin, daß die Homerischen Gesänge im Zusammenhang durch sich ablösende Rhapsoden an den Panathenäen mit genauem Anschluß an das von seinem Vater geschaffene Exemplar vorgetragen werden sollten

§ 6. Die Ilias.

Daburch, daß die Ilias aus ursprünglich selbständigen und erst wesentlich später zu einem einheitlichen Ganzen zusammengefaßten Einzelliedern entstanden ist, werden ihre Eigentümlichkeiten verständlich, die darin bestehen, daß trotz einer Menge erheblicher Widersprüche im einzelnen die Planmäßigkeit im ganzen unverkennbar ist.

Widersprüche im einzelnen sind insofern unleugbar vorhanden, als manchmal Handlungen vorbereitet werden, aber nicht folgen (z. B. Γ 15, mangelnder Anschluß des 1. Buches an das 2.), als dasselbe Ereignis zweimal hinter einander, aber verschieden dargestellt wird (Tod des Patroklos Π 739—815 und P 13 flg.) oder zweimal zu gleicher Zeit geschieht (Hilfe des Poseidon N 10—38 und N 345—360), als die Charaktere der Handelnden nicht durchaus festgehalten werden (Diomedes, tapfer und verzagt), als für eine lange Reihe von Kämpfen gar keine Zeit vorhanden ist (Λ 86 ist es Mittag und Π 777 steht an demselben Tage die Sonne noch mitten am Himmel), als die Sprache an einzelnen Stellen ein abweichendes Gepräge zeigt. Alles das bleibt bei ursprünglich einheitlicher Konception des Ganzen unverständlich.

Aber ebenso unverkennbar wie die Widersprüche im einzelnen ist die Einheitlichkeit und Planmäßigkeit im ganzen. Alle Handlungen gruppieren sich um einen Mittelpunkt, den Zorn des Achilleus, und haben eine stetig fortschreitende Entwicklung. Die Charaktere fast aller Haupthelben sind scharf ausgeprägt und folgerichtig durch= geführt. Auch fehlt es insofern nicht an einem chronologischen Faden, als sich alles im Verlaufe von 51 Tagen abspinnt. Schließ= lich hinterläßt die ganze Darstellung einen einheitlichen Eindruck. Alles das weist auf die planvoll ordnende Thätigkeit eines Dichters hin.

§ 7. Die Odyssee.

Was von der Ilias gesagt ist, gilt auch für die Odyssee. Auch sie zeigt Widersprüche im einzelnen, aber Einheitlichkeit im ganzen. Als widerspruchsvoll ist gleich der Charakter des Odysseus zu bezeichnen, insofern er in der ersten Hälfte durchaus maßvoll dargestellt ist, in der zweiten an Übertreibungen leidet. Die Tele= machie steht weder chronologisch noch hinsichtlich ihrer Ergebnisse mit der Heimkehr des Odysseus in Zusammenhang. Späteres steht nicht nur nicht in Verbindung, sondern sogar in Widerspruch zu Früherem. So der Anfang des 5. und des 1. Buches. Als Gottheit, die dem Odysseus zürnt, wird außer Hera auch Poseidon genannt. Über die Freier, über das Alter des Telemachos finden sich verschiedene Angaben. Schließlich ist auch die Sprache und der dichterische Wert der einzelnen Teile des Gedichtes ein ver= schiedener.

Weisen diese Widersprüche darauf hin, daß der Odyssee ur= sprünglich selbständige Lieder zu Grunde liegen, so tritt doch bei ihr fast noch mehr als bei der Ilias eine kunstvolle Anlage zu Tage, die wir nur auf eine bestimmte Persönlichkeit werden zurück= führen können. Die Erzählung von der Heimkehr des Odysseus ist nicht nach der Zeitfolge der Begebenheiten geordnet, sondern beginnt gleich mit dem Ende der Irrfahrten. Das Vorausliegende erzählt Odysseus selbst bei Alkinoos. Drei Fäden der Erzählung (Vorgänge in Ithaka, Reise des Telemachos, Irrfahrten des Odysseus) laufen neben einander her und vereinigen sich in einem gemein= samen Knotenpunkt (Freiermord). Die Ereignisse selbst spielen sich in einem Zeitraum von 40 Tagen ab.

Wie die Odyssee kunstvoller aufgebaut ist als die Ilias, so zeigt sie auch eine höhere Stufe der Kultur als jene. Die Vor= stellungen von den Göttern sind vollkommener; nicht nur das sitt= liche, sondern auch das äußere Leben steht auf einer höheren Stufe der Ausbildung. Deshalb werden die der Odyssee zu Grunde liegenden Einzelgesänge einer schon vorgerückteren Zeit angehören, als die, aus denen die Ilias hervorgegangen ist.

§ 8. Hesiodos.

Jünger als Homer war Hesiod, der Vater des didaktischen Epos. Seine Heimat war der Helikon in Böotien. Er schrieb in der Sprache und dem Versmaß des Homer außer manchem anderen
Ἔργα καὶ ἡμέραι, opera et dies, die Arbeiten des Landmannes und die für dieselben wichtigen Tage, und
Θεογονία, die Lehre von der Abstammung der Götter.

b) Die Lyrik.

§ 9. Allgemeines.

Die Lyrik hat ihren Namen von der λύρα, die aus der Schale einer Schildkröte (χέλυς, testudo) bestand, über welche Darmsaiten gespannt waren. Insofern sie nämlich Ausdruck des Gefühles ist, verbindet sie sich mit Gesang und Tanz.

Mit dem subjektiven Charakter der Lyrik hängt es zusammen, daß in derselben der Dialekt der Dichter und eine große Mannigfaltigkeit der metrischen Formen zur Geltung kommt.

§ 10. Die Elegie

knüpfte insofern an das Epos an, als sie von demselben den Hexameter beibehielt. Indem sie daran den Pentameter anfügte, entstand das Distichon. Sie war im ionischen Dialekte gedichtet und wurde zur Begleitung der Flöte (αὐλοί) vorgetragen.

Tyrtaios, Jonier von Geburt, aber Sparta angehörig, hat in seinen Elegien seine Mitbürger zur Zeit des zweiten messenischen Krieges (645—628) zur Tapferkeit angespornt und ihren durch innere Streitigkeiten zerrütteten Staat zur Gesetzmäßigkeit und Ordnung zurückzuführen gesucht.

Einen ähnlichen Inhalt hatten die Elegien des athenischen Gesetzgebers Solon (594). Berühmt ist die Elegie, in welcher er seine Mitbürger zur Wiedereroberung von Salamis aufforderte. In anderen ermahnte er sie zur Eintracht und Gesetzlichkeit im staatlichen Zusammenleben.

Theognis, Dorier nach Herkunft und Denkart — seine Heimat war Megara — (um 540) suchte in seinen Distichen einem Jüngling seine aristokratische Gesinnung einzupflanzen. Seine Gedichte wurden wegen des Reichtums an Sentenzen (γνῶμαι) in den Schulen der Alten viel gelesen.

§ 11. Das Epigramm,
meist in Distichen abgefaßt, ist ursprünglich eine Aufschrift auf ein Grabdenkmal oder ein Weihgeschenk. Diesem Zwecke entsprechen im allgemeinen auch die Epigramme der klassischen Zeit. Wir haben solche von den meisten Dichtern, die schönsten von Simonides (§ 14). Am bekanntesten ist das auf die bei den Thermopylen gefallenen Spartaner:

Ὦ ξεῖν', ἀγγέλλειν Λακεδαιμονίοις, ὅτι τῇδε
κείμεθα, τοῖς κείνων ῥήμασι πειθόμενοι.

Später wurde das Epigramm als kurzer Ausdruck eines geistreichen Gedankens sehr beliebt, entsprach also dem, was wir Sinngedicht nennen.

§ 12. Der Jambus,
von den Joniern erfunden und gepflegt, steht der Umgangssprache am nächsten und wird namentlich für das Schmähgedicht verwendet.

Archilochos aus Paros (um 660) gilt als Schöpfer der jambischen Poesie. Er geißelte in derselben mit der Bitterkeit des Hasses und der Schärfe des Witzes die menschlichen Schwächen. Bekannt ist sein Streit mit Lykambes, dem Vater der von ihm geliebten Neobule.

Aber Archilochos dichtete nicht nur Jamben, sondern auch Elegien und Hymnen und schuf vielfach für die Lyrik neue Formen (Epoden).

§ 13. Die melische Poesie.
Μέλη waren für den Einzelgesang bestimmte Lieder in strophischer Form. Gesungen wurden sie zur κιθάρα, einem Saiteninstrument. Der Hauptsitz der melischen Poesie war Äolien, namentlich Lesbos.

Alkaios aus Mytilene auf Lesbos (um 600) nahm am Streite der Adelspartei seiner Vaterstadt gegen die Volkspartei thatkräftig teil. Sein Gegner war Pittakos, einer der sieben Weisen. Er dichtete leidenschaftliche Revolutionslieder (στασιωτικά), aber auch Liebes- (ἐρωτικά) und Trinklieder (συμποτικά).

Zeitgenossin und Landsmännin des Alkaios war Sappho, die durch ihre Liebeslieder bekannt ist.

An diese Äolier schließt sich der Jonier Anakreon an, der eine Zeit lang am Hofe des Polykrates auf Samos (533—522) und des Hipparchos in Athen lebte. Seine Gedichte feiern Liebe und Wein. Außer wenigen Fragmenten von ihm haben wir noch eine Sammlung von Nachahmungen, Anacreontea.

§ 14. Die chorische Poesie.

Die chorischen Gesänge, im dorischen Dialekte gedichtet, wurden von tanzenden Chören unter Begleitung der Kithara oder der Flöte bei öffentlichen Festen vorgetragen. Ihre Formen waren reicher entwickelt, insofern sie aus Strophe, Antistrophe und Epode bestanden.

Zu den älteren Vertretern dieser Dichtungsart gehörte Arion, der am Hofe des Perianber von Korinth (625—585), und Ibykos, der am Hofe des Polykrates von Samos eine Zeit lang lebte.

Simonides von Keos stand zur Zeit der Perserkriege auf dem Gipfel seines Ruhmes. Jonier von Geburt, dichtete er im dorischen Dialekte. Er war außerordentlich vielseitig. Unter seinen Gedichten befinden sich nicht nur die meisten Arten der chorischen Gesänge — ὕμνοι, Loblieder auf die Götter, διϑύραμβοι, Festlieder zu Ehren des Bakchos, ἐπινίκια, Siegeslieder, ἐγκώμια, Preisgesänge auf Fürsten, ϑρῆνοι, Totenklagen —, sondern auch Elegien und Epigramme.

Pindaros, geboren in Theben, war im Mannesalter Zeuge der Perserkriege. Wir haben von ihm noch ἐπινίκια, die nach den Orten der Nationalspiele in Olympische, Pythische, Nemeische und Isthmische eingeteilt werden.

c) Das Drama.
α) Die Tragödie.
§ 15. Ursprung und Entwicklung.

Ihren Ursprung leitet die griechische Tragödie aus den zu Ehren des Dionysos gesungenen Festliedern (διϑύραμβοι) her.

Τραγῳδία ist der Gesang (ᾠδή) der Böcke (τράγοι), d. h. von Personen, welche mit Bocksfellen bekleidet die den Dionysos begleitenden Satyrn darstellten.

Also Ausgangspunkt und charakteristischer Bestandteil der griechischen Tragödie ist der Chor.

Thespis (c. 530) stellte dem Chor einen Schauspieler (ὑποκριτής) gegenüber. Ihm wird die Erfindung der Maske zugeschrieben. Die Sage vom Thespiskarren bei Horaz, ars poet. 276.

Auf Pratinas wird die Einführung des Satyrspieles zurückgeführt, eines lustigen Stückes, in welchem der alte Chor der Satyrn beibehalten war.

Pratinas ist nebst Choirilos und Phrynichos, der die Frauenrollen einführte, der Zeitgenosse des Aischylos. Unter ihnen entwickelte sich der Gebrauch 1. Tetralogien (eine Trilogie und ein Satyrspiel) aufzuführen, 2. an den großen Dionysien um einen Preis zu wettkämpfen (ἀγωνίζεσθαι, womit auch die Bezeichnung der Schauspieler, πρωταγωνιστής u. s. w., zusammenhängt). Der Stoff der Tragödien ist fast ausschließlich der Heldensage entnommen.

§ 16. Aischylos

kämpfte mit in den Schlachten bei Marathon (μαραθωνομάχος), 35 Jahre alt, bei Salamis und Plataiai. Er starb 456 zu Gela in Sicilien.

Aischylos führte den zweiten Schauspieler (δευτεραγωνιστής) ein, erweiterte infolge dessen den Dialog und beschränkte die Chorgesänge. Auf ihn gehen der Kothurn und die langen Gewänder zurück. Überdies stattete er die Bühne durch Dekorationen besser aus und vervollkommnete das Maschinenwesen sehr.

Die Trilogien stellen bei ihm innerlich zusammengehörige Handlungen dar.

Aischylos schrieb 90 Stücke; davon sind sieben erhalten: Προμηθεὺς δεσμώτης, Ἑπτὰ ἐπὶ Θήβας, Πέρσαι (historischer Stoff), die Trilogie Ὀρέστεια, umfassend Ἀγαμέμνων, Χοηφόροι und Εὐμενίδες, schließlich Ἱκέτιδες.

§ 17. Sophokles,

geboren im attischen Gau Kolonos, soll sechzehnjährig am Siegesreigen nach der Schlacht bei Salamis teilgenommen haben. Im 54. Lebensjahre wurde er nach der Aufführung der Antigone (442) zugleich mit Perikles zum Strategen gegen Samos gewählt. Zwanzigmal erhielt er den ersten Preis. Die Erzählung, er sei von seinem Sohne Jophon verklagt und nach Vorlesung des Oidipus auf Kolonos freigesprochen worden (Cic. Cat. mai. 7), ist schwerlich glaubwürdig. Er starb 405, 91 Jahre alt.

Sophokles führte den dritten Schauspieler (τριταγωνιστής) ein, womit die weitere Entwicklung des Dialoges und die Zurückdrängung des Chores zusammenhing. Auch er führte Trilogien auf, aber dieselben bildeten nicht mehr innerlich zusammenhängende Ganze.

Von Sophokles gab es über 120 Stücke; von diesen haben wir noch sieben: Ἀντιγόνη, Οἰδίπους τύραννος und ἐπὶ Κολωνῷ, der letztere nach des Sophokles Tode von seinem gleichnamigen Enkel 401 aufgeführt, Ἠλέκτρα, Τραχίνιαι, Αἴας, Φιλοκτήτης, aufgeführt 409.

§ 18. Euripides,

480 auf Salamis geboren, Schüler des Anaxagoras und der Sophisten Prodikos und Protagoras, Freund des Sokrates, starb 406 zu Pella in Makedonien als Gast des Königs Archelaos. Die Chöre verlieren den Zusammenhang mit der Handlung des Stückes und treten immer mehr zurück. Die Lösung des Knotens erfolgt öfters durch einen Gott (θεὸς ἐκ μηχανῆς, deus ex machina. Vgl. S. 46).

Euripides schrieb gegen 80 Dramen; von denselben sind 18 Tragödien und 1 Satyrspiel (Κύκλωψ) erhalten. Am bekanntesten sind Φοίνισσαι, Μήδεια, Ἰφιγένεια ἡ ἐν Αὐλίδι und ἡ ἐν Ταύροις, Βάκχαι.

§ 19. Die Teile der Tragödie.

1. ὁ πρόλογος, der Teil, welcher vor dem Auftreten des Chores liegt.
2. ἡ πάροδος, das meist in Anapästen gedichtete Einzugslied des Chores.
3. τὰ ἐπεισόδια, die in jambischen Trimetern gedichteten und zwischen je zwei vollständigen Chorliedern eingeschobenen Dialogpartien, und
4. τὰ στάσιμα, die vom Standorte des Chores aus gesungenen Lieder, wechseln miteinander ab und teilen die Tragödie in eine Anzahl Akte.
5. ἡ ἔξοδος, der Teil, hinter welchem ein Chorgesang nicht mehr folgt.

In den Chorliedern, die den dorischen Dialekt zeigen, entspricht der στροφή die ἀντιστροφή. Meist schließen sie mit einer ἐπῳδός ab.

κομμοί, κομματικὰ μέλη sind Wechselgesänge zwischen Chor und handelnden Personen in besonders erregten Scenen.

τὰ ἀπὸ σκηνῆς sind Gesänge der Schauspieler.

στιχομυθίαι sind solche Partien des Dialoges, in denen dem Redner und Gegenredner immer nur eine Zeile zufällt.

β) **Die Komödie.**

§ 20. Die Anfänge.

Κωμῳδία bezeichnet den Gesang (ᾠδή) eines lustigen Schwarmes (κῶμος) beim Bakchosfeste. Ihre Anfänge sind bei den Doriern zu suchen, in Megara und Sicilien.

Die volkstümlichen, derben Späße der Dorier erhielten in

Attila ihre kunstgemäße Ausgestaltung. In Athen wurde der Komödie ein Chor gestellt und Wettkämpfe der Choregen und Dichter wurden veranstaltet.

§ 21. Die alte Komödie.

Die erste Entwicklungsphase der attischen Komödie nennt man die alte ($ἡ ἀρχαία κωμῳδία$, comoedia prisca). Sie blühte bis zum Ende des peloponnesischen Krieges. Charakteristisch ist ihr, daß sie Verteter von Richtungen, die verkehrt oder gefährlich erschienen, auf jedem Gebiete des öffentlichen Lebens rücksichtslos verfolgte. Sie bedient sich dazu des schärfsten Witzes und jedes drastisch wirkenden Mittels, auch der Zote. Ihre Einkleidung ist durchaus phantastisch.

Eigentümlich ist der alten Komödie die Parabase, in welcher sich der Chor an die Zuschauer wendet ($πρὸς\ τὸ\ θέατρον\ παραβῆναι$) und sich als Vertreter des Dichters über die Zeitverhältnisse, die politischen, religiösen, litterarischen, in launiger oder ernster Weise ausspricht.

§ 22. Aristophanes

gehörte der Zeit des peloponnesischen Krieges an.

In den Rittern ($ἱππῆς$) geißelte er den Demagogen Kleon, in den Wolken ($νεφέλαι$) die philosophische Grübelei des Sokrates, in den Wespen ($σφῆκες$) die Prozeßsucht der Athener, in den Vögeln ($ὄρνιθες$) die Projektmacherei des Volkes, in den Fröschen ($βάτραχοι$) die verkehrte Richtung des Euripides.

B. Die Blütezeit der Prosa.

Vom Anfang des peloponnesischen Krieges bis auf Alexander den Großen.

(Von 431—323 v. Chr.)

a) Die Geschichtschreibung.

§ 23. Die Logographen.

Wie die Sage der Geschichte, so geht das Epos der Geschichtsschreibung voraus. Die ersten, welche Geschichten in Prosa schrieben, hießen $λογογράφοι$ und traten seit dem 6. Jahrhundert auf. Dieselben knüpfen insofern an die Epiker an, als sie dem hauptsächlichsten Sitze derselben, Kleinasien, angehörten, im ionischen Dialekte schrieben, ja auch in einem Stoffe, den sie vielfach behandelten, in den Genealogien der herrschenden Geschlechter, Vorgänger bei jenen hatten. Waren diese ebenso wie die von ihnen erzählten Städtegründungen (κτίσεις πόλεων) sagenhaft, so trugen die Berichte über ihre Reisen (περίοδοι γῆς) viel zur besseren Kenntnis von fremden Ländern und Leuten bei.

Hekataios aus Milet schrieb zur Zeit der Perserkriege γενεαλογίαι und eine περίοδος oder περιήγησις γῆς.

Die Schriften des Hellanikos aus Mytilene, eines Zeitgenossen des Herodot, waren genealogischen, geographischen und chronologischen Inhaltes.

§ 24. **Herodotos**
war im dorischen Halikarnassos bald nach Beginn der Perserkriege geboren und lebte bis zum Anfang des peloponnesischen Krieges.

Einer vornehmen Familie seiner Vaterstadt angehörig, beteiligte er sich an den Kämpfen derselben gegen den unter persischer Oberhoheit stehenden Tyrannen Lygdamis, wurde aber zur Auswanderung gezwungen und wendete sich nach Samos. Nach Halikarnassos zurückgekehrt, vertrieb er zwar den Lygdamis, verließ es aber bald darauf für immer. Er unternahm Reisen durch Kleinasien, nach Persien, an das Schwarze Meer, nach Ägypten. Auch in Athen hielt er sich auf. Zuletzt ließ er sich in Thurioi, einer athenischen Kolonie in Unteritalien, nieder. Dort mag er sein Geschichtswerk in der Hauptsache niedergeschrieben haben.

Herodot schließt sich insofern an die Logographen an, als auch er im ionischen Dialekt schreibt und vielfach die Ergebnisse seiner Reisen mitteilt, überragt dieselben aber so sehr, daß er mit Recht der Vater der Geschichte genannt wird. Er hat zuerst ein welthistorisches Ereignis mit weitem Überblick nach einem bestimmten Plane und mit bewußter Kritik zur Darstellung gebracht. Seine ἱστορίης ἀπόδεξις, die später in neun Bücher geteilt und nach den Musen benannt wurde, giebt eine Art Weltgeschichte, die sich an die Kämpfe der Hellenen und Barbaren unter Dareios und Xerxes anschließt und bis zur Eroberung von Sestos (478) reicht. Indem er auf die ersten Zusammenstöße zwischen Europa und Asien zurückgeht, kommt er auf die Geschichte der Lyder, Perser, Ägypter, Babylonier und Skythen, die sich in den fünf ersten Büchern findet.

Herodot zeigt in seinem Geschichtswerke eine fromme Weltanschauung, die überall das Walten der Götter sieht, insbesondere in den Perserkriegen ein Strafgericht über menschlichen Übermut.

§ 25. Thukydides

war der Sohn eines in Athen eingebürgerten Thrakers Oloros und mit Kimon verwandt. Seine Familie besaß in Thrakien nicht weit von Amphipolis Goldbergwerke. Dort und in Athen scheint er die erste Zeit seines Lebens verbracht zu haben. Als seine Lehrer werden der Redner Antiphon und der Philosoph Anaxagoras genannt.

Die Pest, die 430 in Athen ausbrach, ergriff auch ihn. 423 befehligte er die athenische Flotte an der thrakischen Küste. Es gelang ihm zwar Eion zu behaupten, aber er kam zu spät, um die Einnahme von Amphipolis durch den spartanischen Feldherrn Brasidas zu verhindern. Er ging deshalb freiwillig in die Verbannung. 20 Jahre lebte er fern von Athen, teils auf Reisen Erkundigungen über den Krieg einziehend, teils in Thrakien. 404 erhielt er die Erlaubnis nach Athen zurückzukehren. Einige Jahre darauf starb er. Ein Denkmal von ihm stand auf den Kimonischen Gräbern.

Als der peloponnesische Krieg ausbrach, erkannte Thukydides, welch große Bedeutung derselbe haben werde, und begann sofort Stoff für eine Schilderung desselben zu sammeln. Er beschrieb den Krieg zunächst bis zum Frieden des Nikias (431—421, vom 1. bis zur Mitte des 4. Buches). Das übrige fügte er später hinzu. Mit der Ausarbeitung kam er bis zum Jahre 411. Das letzte Buch, das achte, hat er in unvollendetem Zustande hinterlassen.

Thukydides ist der erste Geschichtsschreiber, der den attischen Dialekt in der Prosa anwendet, der erste, der die Geschichte seiner Zeit, also nur Selbsterlebtes zur Darstellung bringt. Die Ereignisse ordnet er nach der Reihenfolge der Jahre und scheidet in jedem Jahre Sommer und Winter. Er hat die Bildung eines Feldherrn und Staatsmannes. Da er zu den aufgeklärten Geistern seiner Zeit gehört, so sucht er alle Vorkommnisse auf natürlichem Wege und durch die Charaktere der Handelnden zu erklären. (Pragmatische Geschichtsschreibung.) Seine Absicht war ein $κτῆμα\ ἐς\ ἀεί$ zu liefern.

§ 26. Xenophon,

geboren um 430 zu Athen, Schüler des Sokrates. Mißvergnügt über die athenischen Verhältnisse folgte er nach Beendigung des peloponnesischen Krieges einer Einladung seines Freundes Proxenos nach Sardes und schloß sich dem Zuge des jüngeren Kyros gegen Artaxerxes Mnemon an. Nach der Schlacht bei Kunaxa (401) zeichnete er sich beim Rückzug der Zehntausend als Führer der Nachhut aus. Wegen seiner den Spartanern freundlichen Gesinnung aus Athen verbannt, nahm er an dem Kriege Spartas gegen die Perser (399—394) teil, in dem er sich mit dem Könige Agesilaos aufs innigste befreundete. Mit demselben kämpfte er auch bei seiner Rückkehr nach Griechenland 394 in der Schlacht bei Koroneia siegreich gegen die Thebaner und Athener. Von den Spartanern wurde er mit einem bei Olympia gelegenen, den Eleern entrissenen Landgute Skillūs beschenkt, auf dem er seinen Lieblingsbeschäftigungen, der Landwirtschaft, der Jagd und der Schriftstellerei, lebte. Hier werden wohl alle seine Werke entstanden sein. Aus diesem Besitztum nach der Schlacht bei Leuktra 371 von den Eleern vertrieben, verbrachte er die letzten Jahre seines Lebens in Korinth. Nach Athen scheint er nicht zurückgekehrt zu sein, obwohl seine Verbannung aufgehoben wurde. In der Schlacht bei Mantineia (362) fiel einer seiner Söhne auf Seiten der Athener kämpfend; nicht lange darauf ist er selbst wahrscheinlich gestorben.

Die hauptsächlichsten Schriften Xenophons sind folgende:

1. Κύρου ἀνάβασις, de Cyri expeditione, in 7 Büchern. Nur das erste Buch handelt von der ἀνάβασις, dem Hinaufmarsch von der Küste ins Binnenland, die sechs übrigen von der κατάβασις, dem Rückzug aus der Nähe von Babylon über Trapezunt nach dem Hellespont.

2. Ἑλληνικά, historia Graeca, in 5 Büchern. Die zwei ersten Bücher führen im Anschluß an das Werk des Thukydides die Geschichte des peloponnesischen Krieges vom Jahre 411 an zu Ende, die folgenden fünf behandeln die Zeit vom peloponnesischen Krieg bis zur Schlacht bei Mantineia (362).

3. Ἀπομνημονεύματα Σωκράτους, memorabilia Socratis, in 4 Büchern. Sie geben vorwiegend in Gesprächsform ein Bild des Lebens und der Anschauungen von Xenophons Lehrer.

4. Κύρου παιδεία, Cyri institutio, in 8 Büchern. Dieses Werk schildert an dem Idealbild des älteren Kyros die Erziehung und den Charakter eines Fürsten, wie er sein soll.

b) Die Philosophie.

§ 27. Die vorsokratischen Philosophen.

Die Lehren der vorsokratischen Philosophen kennen wir teils durch die Berichte anderer — so die Lehren von Thales, Pytha-

goras —, teils durch die Bruchstücke ihrer Schriften, die meist περὶ φύσεως handeln.
Die ersten Schriften, z. B. die der Eleaten, sind noch in poetische Form gekleidet. Bei den Kleinasien angehörenden Philosophen herrscht der ionische Dialekt vor.
Zur Ausbildung der Prosa trugen auch diese Anfänge der philosophischen Litteratur erheblich bei, insofern sich in ihnen das Moment des verstandesmäßigen Denkens geltend macht.

§ 28. Platon,

427 als Sohn einer altadeligen Familie zu Athen geboren, beschäftigte sich in seiner Jugend mit Poesie, gab sie aber auf, als er 20 Jahre alt den Sokrates kennen lernte, und widmete sich dafür der Philosophie. Nachdem er 8 Jahre lang den Umgang des Sokrates genossen hatte, verließ er nach dessen Tode 399 Athen und begab sich auf Reisen nach Megara, Kyrene, Ägypten, Unteritalien und Sicilien. In Syrakus lebte er am Hofe des älteren Dionysios, doch fiel er bei ihm in Ungnade. Nach Athen zurückgekehrt, versammelte er in der Akademie, einem Gymnasium außerhalb der Stadt, einen Kreis von Schülern um sich. Diese Lehrerthätigkeit wurde nur zweimal durch Reisen nach Sicilien unterbrochen, wohin ihn der jüngere Dionysios berief. Doch bildete sich kein bleibendes Verhältnis zu demselben, ja das zweite Mal entging Platon kaum tyrannischer Behandlung. Er starb achtzigjährig in Athen.

Platons schriftstellerische Thätigkeit begann wahrscheinlich schon zu Lebzeiten des Sokrates und reichte bis zu seinem Tode. Alle seine Werke sind uns erhalten, doch ist Unechtes ihnen beigemischt. Sie sind alle in dialogischer Form abgefaßt; fast in allen ist Sokrates die Hauptperson. Von den Schriften, die ein allgemeineres Interesse beanspruchen, gehören nicht wenige in die früheste Zeit von Platons Schriftstellerei, in welcher er wesentlich den Standpunkt des Sokrates einnahm: Euthyphron (über die Frömmigkeit), die Apologie des Sokrates, Kriton (über den Gehorsam gegen die Gesetze), Laches (über die Tapferkeit), Protagoras (über die Lehrbarkeit der Tugend). Dem reifen Mannesalter gehören die Dialoge an, in welchen er die ihm eigene Lehre begründet: Gorgias (über die Rhetorik), Symposion (über die Liebe), Phaidon (über die Unsterblichkeit der Seele). In die späteren Jahre fallen seine umfangreichsten Werke, die der weiteren Ausführung seiner Lehre gewidmet sind: der Staat, Timaios (Physik), die Gesetze.

c) Die Beredsamkeit.

§ 29. Die Anfänge der Beredsamkeit.

Von den Gattungen der Prosa tritt die Rede zuletzt in der Litteratur auf. Und doch ersieht man schon aus Homer, welche Rolle sie seit den ältesten Zeiten gespielt hat. Das Staatsleben wie das Gerichtswesen leisteten ihrer Entwicklung den größten Vorschub. Auch ihr häufiges Vorkommen in den Geschichtswerken weist auf die große Bedeutung hin, die sie für die Griechen hatte.

Nachdem sich so die Beredsamkeit jahrhundertelang entwickelt hatte, trat sie in die Litteratur ein, erst nachdem die Theorie derselben, die Rhetorik, zunächst in Sicilien ausgebildet und von da nach Athen verpflanzt war. Großen Einfluß darauf hatten die Sophisten, namentlich Gorgias.

§ 30. Die Arten der Reden

hängen mit dem öffentlichen Leben der Griechen eng zusammen. Man unterscheidet

1. das γένος συμβουλευτικόν oder δημηγορικόν (genus deliberativum), das in der Volksversammlung und im Rat,
2. das γένος δικανικόν (genus iudiciale), das in den Gerichten, und
3. das γένος ἐπιδεικτικόν (genus demonstrativum), das in den Festversammlungen zur Geltung kam. Zu dem letzteren gehören auch die λόγοι πανηγυρικοί und ἐπιτάφιοι.

Gerichtsreden sind vielfach nicht von ihren Verfassern gehalten worden. Da nämlich in Athen die Streitenden ihre Sache persönlich führen mußten, ließen sie sich Reden von anderen abfassen, wenn sie es nicht selbst thun konnten. Solche, die anderen Reden für Geld schrieben, hießen λογογράφοι.

§ 31. Die Dekas der attischen Redner.

Unter der Dekas der attischen Redner versteht man Antiphon, Andokides, Lysias, Isokrates, Isaios, Aischines, Demosthenes, Hypereides, Lykurgos und Deinarchos.

Ihre Wirksamkeit fällt in die Zeit von der zweiten Hälfte des peloponnesischen Krieges bis zur Unterwerfung Athens durch die Makedonier.

§ 32. Antiphon und Andokides.

Antiphon gehörte zu den Oligarchen, die 411 die demokratische Verfassung stürzten. Nach ihrer Vertreibung wurde er des Hochverrates angeklagt und trotz seiner Selbstverteidigung zum Tode verurteilt. Andokides war in den Hermokopidenprozeß (415) verwickelt.

§ 33. Lysias und Isaios.

Lysias war der Sohn des reichen Kephalos, der auf Veranlassung seines Gastfreundes Perikles von Syrakus nach Athen übersiedelte und sich im Peiraieus als $\mathit{ἰσοτελής}$ niederließ. Als solcher trug er alle Staatslasten wie ein Bürger und übernahm sogar Choregien, brauchte dagegen keinen Patron ($\mathit{προστάτης}$) und hatte das Recht Grundbesitz zu erwerben, war aber von aller politischen Thätigkeit, von der Teilnahme an der Volksversammlung und der Führung der Ämter, ausgeschlossen. Seine erste Bildung empfing Lysias in Athen. Mit seinem Bruder Polemarchos wanderte er nach Thurioi in Unteritalien aus, wo er den Unterricht des Rhetors Tisias genoß. Als in Athen die Oligarchie gestürzt war und eine gemäßigte Demokratie hergestellt wurde (411), kehrte er mit seinem Bruder dahin zurück. Beide $\mathit{ἰσοτελεῖς}$ wie ihr Vater hatten im Peiraieus eine Schildfabrik, in der sie 120 Sklaven beschäftigten, und drei Häuser. Aber die Dreißig beraubten sie ihres Vermögens und verurteilten den Polemarchos, den Eratosthenes verhaftet hatte, zum Giftbecher (404). Lysias floh nach Megara, von wo aus er für die Wiederherstellung der Demokratie sehr thätig war. Nach seiner Rückkehr (403) klagte er den Eratosthenes an. Diese Rede, die einzige, die er selbst gehalten hat, begründete seinen Ruf als Redner. Von nun an wurde er Logograph. Er starb hochbetagt in Athen.

Wie Lysias war Isaios nicht athenischer Bürger. Er konnte also nur als Logograph thätig sein.

§ 34. Isokrates,

Schüler der Sophisten Protagoras und Gorgias, aber auch mit Sokrates befreundet, trat infolge seiner schwachen Stimme und einer gewissen Schüchternheit nicht selbst als Redner auf, war aber der geschätzteste Lehrer der Beredsamkeit seiner Zeit. Nach dem Sturze der Dreißig war er als Logograph thätig. Insbesondere aber bildete er das $\mathit{γένος\ ἐπιδεικτικόν}$ aus. Unter den von ihm geschriebenen Reden dieser Art sind die berühmtesten der $\mathit{παν}$-

γυρικός, in dem er nachwies, daß Athen die Hegemonie in Hellas zukäme, und der παναθηναϊκός, eine Lobrede auf Athen. Nach dem unglücklichen Ausgange der Schlacht von Chaironeia (338) gab er sich selbst den Tod, fast 100 Jahre alt.

§ 35. Demosthenes,

385 in einem reichen Hause geboren, verlor früh seinen Vater und durch die Untreue seiner Vormünder fast sein ganzes Vermögen. Um dieselben zur Rechenschaft zu ziehen, bildete er sich bei Isaios zum Redner aus und trat dann gegen sie auf, ohne etwas Erhebliches zu erreichen. Auch andere Widerwärtigkeiten, die er erfuhr, drängten ihn in die rednerische Laufbahn. Anfänglich schrieb er Gerichtsreden für andere. Bekannt ist, wie er die äußerlichen Schwierigkeiten, die ihm sein Naturell bereitete, durch Beharrlichkeit überwand.

Seine Thätigkeit als politischer Redner erhielt mit seinem Auftreten gegen König Philipp von Makedonien eine bestimmte Richtung. Dies begann 351 mit der ersten Philippischen Rede, in der er seine Mitbürger aufforderte den Kampf mit dem Gegner thatkräftig aufzunehmen. Die darauf folgenden, 349 und 348 gehaltenen drei Olynthischen Reden suchten die Athener zu bewegen der von Philipp bedrängten Stadt Olynthos Hilfe zu leisten, leider ohne Erfolg. Nach dem Frieden des Philokrates trat Demosthenes 346 für denselben ein. Als sich aber Philipp in die Händel des Peloponnes einmischte, wies er 344 in der zweiten Philippischen Rede auf die Gefahren hin, die von dieser Seite drohten. Die 341 gehaltene Rede über die Angelegenheiten im Chersones und die dritte Philippische suchten die Athener zu überzeugen, daß Diopeithes, der im Chersones dem Philipp entgegentrat, in jeder Weise zu unterstützen sei. Diese acht Volksreden ($\delta\eta\mu\eta\gamma o\rho\iota\alpha\iota$) bezeichnet man insgemein mit dem Namen der Philippischen. Die Erfolge, welche Demosthenes mit denselben erzielte, waren nur gering; er vermochte nicht das schlaffe Volk zu nachhaltiger Bekämpfung seines zähen Gegners zu bewegen.

338 nahm Demosthenes als Hoplit an der Schlacht bei Chaironeia teil. Ihm ward die Leichenrede für die in derselben Gefallenen übertragen. Ktesiphon beantragte einen goldenen Kranz als Anerkennung seiner großen Verdienste; Aischines widersetzte sich. Als endlich 330 die Sache zum Austrag kam, hielt Demosthenes gegen ihn die Rede περὶ στεφάνου, durch welche er seinen Gegner aus dem Felde schlug.

Später kam Demosthenes in den Verdacht, von dem ungetreuen Schatzmeister Alexanders des Großen, Harpalos, der in Athen einen Aufstand gegen Makedonien anzetteln wollte, Geld angenommen zu haben, wurde verurteilt und in das Gefängnis geworfen, entfloh aber aus demselben nach Aigina. Nach Alexanders Tode (323) ward er zurückgerufen, aber nach den Siegen des Antipater geächtet. Er flüchtete nach Kalauria und gab sich, von den Makedoniern auch dort verfolgt, 322 im Tempel des Poseidon selbst den Tod durch Gift.

§ 36. Lykurgos und Hypereides.

Lykurgos gehörte zu den Vertretern der den Philipp bekämpfenden Partei, erwarb sich aber durch seine musterhafte Verwaltung der Finanzen, durch die Sorge um die Kriegsflotte und vielfache Bauten noch größere Verdienste und Anerkennung seitens der Athener. Von ihm haben wir nur die Rede gegen Leokrates vollständig.

Hypereides stand dem Demosthenes im Kampfe gegen Philipp und Alexander zur Seite. Was wir von ihm haben, ist in Ägypten auf Papyros gefunden worden.

§ 37. Aischines und Deinarchos.

Aischines machte 362 die Schlacht bei Mantineia mit. Seit der Friedensgesandtschaft im Jahre 347 war er als Redner der bedeutendste Vertreter der makedonischen Partei in Athen. Er trat dem Antrage, den Demosthenes für seine Verdienste um den Staat mit einem goldenen Kranze zu belohnen, entgegen, erlitt aber trotz seiner glänzenden Rede κατὰ Κτησιφῶντος eine Niederlage und ging freiwillig ins Exil. Er starb in Rhodos, wo er eine Rednerschule errichtet hatte.

Auch Deinarchos gehörte zu den Gegnern des Demosthenes, obwohl er ihn in seinen Reden nachzuahmen suchte.

II. Die Zeit des Hellenismus.

§ 38. Der Hellenismus.

Um die Reiche, die Alexander der Große unterwarf, schlang das Griechische das Band sprachlicher Gemeinschaft. Mit der Sprache breitete sich die griechische Kultur über dieselben aus und hob den Gegensatz zwischen Griechen und Barbaren auf. Diese den drei Weltteilen, soweit sie von den Makedoniern unterworfen waren, gemeinsame Bildung wird als Hellenismus bezeichnet. Die Sprache, die sich seit dieser Zeit entwickelt und deren sich die Prosaiker seitdem bedienen, heißt die κοινὴ διάλεκτος.

A. Das alexandrinische Zeitalter.
Von Alexander dem Großen bis Augustus.
(Von 323 v. Chr. bis 14 n. Chr.)

§ 39. Allgemeines.

Der Hauptsitz der hellenistischen Gelehrtenlitteratur wurde Alexandreia. Gefördert wurde sie durch die Bibliotheken, welche die Ptolemäer daselbst gründeten und erhielten. Dementsprechend liegt das, was die Alexandriner Hervorragendes geleistet haben, vorwiegend auf dem Gebiete der Gelehrsamkeit, insbesondere der Grammatik.

Neue Gattungen der Poesie sind in dieser Periode zwei hervorgetreten, die bukolische Dichtung und die neue Komödie. Jene gehört Sicilien an, diese Athen.

a) Die Poesie.

§ 40. Theokritos

stammte aus Sicilien (Syrakus), lebte aber auch eine Zeit lang in Alexandreia am Hofe des Ptolemaios Philadelphos (285—247). Er ist der erste und hauptsächlichste Vertreter der bukolischen Poesie, die indes nicht nur Rinderhirten (βουκόλοι), sondern auch andere einfache Leute (Fischer, Schnitter) vorführt. Die einzelnen Gedichte heißen εἰδύλλια (Deminutiv von εἶδος), worunter man kleine Bilder aus dem Leben der Landleute versteht.

§ 41. Kallimachos,

von Ptolemaios Philadelphos zum Vorsteher der alexandrinischen Bibliothek berufen, war ein großer Gelehrter und vielseitiger Schriftsteller. Besonders durch seine Elegien übte er einen nachhaltigen Einfluß.

§ 42. Die neue Komödie (ἡ νέα κωμῳδία, nova comoedia)

sieht im Unterschied von der alten vom politischen Leben ganz ab und entbehrt des Chores. Sie befaßt sich mit dem häuslichen Leben und seinen Verwicklungen. Eigentümlich ist ihr eine Menge von Charaktertypen, der gefräßige Schmarotzer, der schlaue Sklave, der geizige Alte, der leichtsinnige Sohn, die gefallsüchtige Dirne, der wortbrüchige Kuppler u. a. Alle diese sind an einer Handlung beteiligt, die einen planmäßigen Verlauf hat, in welcher der Knoten geschickt geschürzt und gelöst wird.

Ein vollständiges Stück aus der neuen Komödie ist nicht auf uns gekommen, doch kennen wir sie durch die Nachbildungen des Plautus und Terentius.

Der bedeutendste Vertreter derselben ist Menandros, dessen Blüte in die Zeit gleich nach Alexander dem Großen fällt. Unter seinen Stücken waren ἀδελφοί, Ἀνδρία, ἑαυτὸν τιμωρούμενος, εὐνοῦχος, alles Titel, die sich bei Terenz wiederfinden.

Neben ihm wirkte Philemon. Seinen ἔμπορος hat Plautus im mercator, seinen θησαυρὸς im Trinummus nachgebildet.

b) Die Prosa.

§ 43. Polybios,

in Megalopolis geboren, ausgezeichnet als Staatsmann und Feldherr, kam 166 mit den tausend achäischen Geiseln nach Rom und blieb dort 17 Jahre. Mit L. Ämilius Paulus und Scipio Ämilianus befreundet, wurde er ein bewundernder Anhänger der Römer. Nach der Zerstörung von Korinth (146) wandte er viel Unheil von seinem Vaterlande ab und trug zur Aussöhnung seiner Landsleute mit der römischen Oberherrschaft wesentlich bei.

Polybios schrieb eine Universalgeschichte (ἱστορίαι) in 40 Büchern, in der er zeigte, wie alle Teile der damals bekannten Welt unter die römische Herrschaft gekommen sind. Vollständig sind uns nur die ersten fünf Bücher erhalten.

B. Das römische Zeitalter.
Von Augustus bis Konstantin.
(Von 14 bis 337 n. Chr.)

§ 44. Plutarchos,

in Chaironeia geboren, war der Lehrer des Hadrian, der ihn zum Prokurator von Griechenland machte.

Unter Trajan verfaßte er βίοι παράλληλοι, vitae parallelae, in denen ein Grieche und ein Römer verbunden behandelt werden, woran sich eine Vergleichung beider anschließt, z. B. Theseus und Romulus, Alexander und Cäsar, Demosthenes und Cicero. Außerdem haben wir von ihm noch eine Sammlung verschiedener Aufsätze, die unter dem Titel ἠθικά, moralia, zusammengefaßt werden.

§ 45. Arrianos

aus Nikomedeia in Bithynien bekleidete unter Hadrian und Antoninus Pius höhere Ämter und schrieb außer anderem eine ἀνάβασις Ἀλεξάνδρου in 7 Büchern, in der er den Stil des Xenophon mit Glück nachahmte.

§ 46. Lukianos

aus Samosata in Syrien hielt sich vorzugsweise in Athen auf und lebte im Zeitalter der Antonine. In Rhetorik und Philosophie wohl bewandert, schrieb er Dialoge, in denen er Göttliches und Menschliches teils mit scherzender Laune, teils mit bitterem Spotte behandelte.

Die Philosophie.

§ 1. Die sieben Weisen. Aisopos.

Als Vorläufer der Philosophen können die sogenannten sieben Weisen (οἱ ἑπτὰ σοφοί, septem sapientes) bezeichnet werden, in deren Sprüchen praktische Lebensweisheit zum Ausdruck kommt. Sie lebten alle in der Zeit des Solon und Kroisos. Ihre Namen werden verschieden angegeben. Am häufigsten werden genannt: Thales aus Milet, Bias aus Priene (omnia mea mecum porto), Pittakos aus Mytilene (χαλεπὸν ἐσθλὸν ἔμμεναι), Solon aus Athen (μηδὲν ἄγαν, ne quid nimis), Chilon aus Lakedaimon (γνῶθι σεαυτόν).

Derselben Zeit gehört auch die sagenhafte Gestalt des Aisopos an, dessen belehrende Tierfabeln (μῦθοι oder λόγοι) mit den Anfängen des Nachdenkens über sittliche Fragen in Zusammenhang stehen. Die Sammlung, die wir unter seinem Namen haben, rührt nicht von ihm her, sondern ist viel später entstanden.

§ 2. Die ionischen Naturphilosophen.

Das Nachdenken über die Entstehung dessen, was ist, erwachte zuerst bei den Joniern in Kleinasien. Während der religiöse Glaube alles auf die Götter zurückführte, suchten die dortigen Philosophen natürliche Gründe dafür.

Am bekanntesten ist Thales aus Milet, der alle Dinge aus dem Wasser herleitete. Er soll auch eine Sonnenfinsternis vorausgesagt haben.

§ 3. Die Pythagoreer.

Pythagoras, in Samos geboren, kam um 540 nach Unteritalien und stiftete in Kroton einen religiös-politischen Bund, der unter den dortigen und den sicilischen Griechen viele Anhänger fand. Er soll zuerst den Namen σοφός abgelehnt und sich φιλόσοφος genannt haben.

Im Anschluß an die strenge dorische Sitte legte man auf ein wohlgeordnetes, sittenreines Leben den größten Wert. Von Einfluß war darauf die Lehre von der Seelenwanderung (μετεμψύχωσις). Einer besonderen Pflege erfreute sich die Gymnastik und die Musik, namentlich aber die Mathematik. Bekannt ist der nach Pythagoras benannte Lehrsatz.

Die Pythagoreer lehrten, alles in der Welt sei nach Zahlenverhältnissen geordnet; deshalb sei die Zahl das Wesen der Dinge.

Ein berühmter Vertreter der pythagoreischen Schule war zur Zeit Platons **Archytas aus Tarent**, der als Feldherr, Staatsmann und Mathematiker gleich groß war.

§ 4. Die Eleaten

haben ihren Namen von Elea, einer Pflanzstadt der Phokäer in Unteritalien. Dorthin wendete sich zunächst **Xenophanes**, in Kolophon geboren, der um 480 neunzigjährig starb. Derselbe lehrte, das All ist eins und dieses Eine ist Gott, der den Sterblichen nicht vergleichbar mit seinem Denken alles umfaßt. Damit setzte er an die Stelle der griechischen Volksreligion den Pantheismus und erklärte sich gegen die Homerischen Vorstellungen und Erzählungen von den Göttern.

Sein Schüler **Parmenides aus Elea** legte die Eigenschaft der Einheit und Ewigkeit allem Wirklichen bei und erklärte die Vielheit und Veränderung der Dinge für bloßen Schein. Dementsprechend unterschied er zwischen der Vernunft (λόγος), die zur Erfassung der Wahrheit führt, und den Sinnen, die nur auf das Vergängliche gerichtet und deshalb dem Irrtum unterworfen sind.

§ 5. Die Physiker des 5. Jahrhunderts.

Herakleitos aus Ephesos bezeichnet die Welt als ein einheitliches Ganze, das allerdings weder entstanden sei noch vergehe, aber unablässig sich verändere und in immer neue Gestalten sich umsetze (πάντα ῥεῖ). Die Dinge mit einem Strom vergleichend sagt er, man könne nicht zweimal in denselben Strom hinabsteigen. Alle Dinge aber läßt er aus dem Feuer entstehen.

Empedokles aus Akragas ist der Urheber der Lehre von den vier Elementen Feuer, Luft, Wasser, Erde. Was man entstehen und vergehen nennt, ist nichts als Verbindung und Trennung dieser Elemente, was man Veränderung nennt, eine teilweise Verbindung und Trennung derselben. Die bewegenden Kräfte aber sind Liebe und Haß.

Die Lehre von den Atomen hat Leukippos begründet und sein Schüler Demokritos aus Abdera weiter ausgebildet. Dieselben nehmen eine unendliche Menge unteilbarer Grundstoffe ($ἄτομα$) an, welche der Substanz nach gleichartig, an Gestalt und Größe aber verschieden sind, und erklären das Entstehen, Vergehen und die Veränderung der Dinge ebenso aus diesen, wie Empedokles aus den Elementen.

Anaxagoras aus Klazomenai lebte lange in Athen, mit Perikles befreundet. Er nahm eine unendliche Masse von qualitativ verschiedenen Urstoffen ($σπέρματα$) an. Diesen setzte er ein vernünftiges Wesen ($νοῦς$) gegenüber, welches dadurch Ordnung schuf, daß es eine Wirbelbewegung hervorrief; diese sonderte dann die Stoffe und verwendete sie zur Weltbildung. Die Sonne, wie die Gestirne erklärte er für glühende Massen. Da man ihn deshalb in Athen des Atheismus anklagte, gab er seinen Aufenthalt dort auf.

§ 6. Die Sophisten.

Das Wort $σοφιστής$ war ursprünglich gleichbedeutend mit $σοφός$. Seit Protagoras aber verstand man darunter einen berufsmäßigen, bezahlten Lehrer der Tugend ($ἀρετή$), unter Tugend aber Lebensklugheit in eigenen und öffentlichen Angelegenheiten. Da man aber öffentlich durch Reden am meisten wirken konnte, verband sich mit der Sophistik von Anfang an die Rhetorik. Diese Beschränkung auf das Praktische hing mit der Lehre zusammen, daß es eine objektiv wahre Erkenntnis gar nicht gebe.

Protagoras aus Abdera durchwanderte vierzig Jahre lang Griechenland als Lehrer, hielt sich zur Zeit des Perikles wiederholt in Athen auf, mußte es aber, des Atheismus angeklagt, verlassen. Er lehrte: $πάντων \ χρημάτων \ μέτρον \ ἄνθρωπος$, d. h. es ist für jeden wahr und wirklich, was ihm so erscheint; es giebt also nur eine subjektive und relative, keine objektive und allgemein gültige Wahrheit. Hiernach kann man jeden Satz mit gleich guten Gründen beweisen und widerlegen. So machte sich denn Protagoras auch anheischig $τὸν \ ἥττω \ λόγον \ κρείττω \ ποιεῖν$. Von den Göttern wollte er weder sagen, daß sie sind, noch daß sie nicht sind.

Gorgias aus Leontinoi kam 427 nach Athen und erntete durch seine Beredsamkeit außerordentlichen Beifall. Infolge dessen war er dort, aber auch in anderen Gegenden Griechenlands als Rhetor und epibeiktischer Redner thätig. Doch hat er auch in einer Schrift zu zeigen gesucht, daß es ein Wissen gar nicht geben könne.

§ 7. Sokrates

wurde in Athen geboren und verbrachte dort sein ganzes Leben. Als seinen Beruf erkannte er für die echte Aufklärung und die Veredlung seiner Mitbürger thätig zu sein; er widmete sich ihm mit der größten Hingebung und Selbstverleugnung. Das hielt ihn aber nicht ab, alle seine Pflichten gegen den Staat zu erfüllen. Er nahm an etlichen Feldzügen als Hoplit rühmlichen Anteil (Potidaia 432, Delion 424, Amphipolis 422) und widersetzte sich mannhaft, aber vergeblich der Verurteilung der Feldherren nach der Schlacht bei den Arginussen (406). Seine Lehrerthätigkeit erweckte ihm viele Gegner. Diese klagten ihn der ἀσέβεια an: Σωκράτης ἀδικεῖ τούς τε νέους διαφθείρων καὶ θεούς, οὓς ἡ πόλις νομίζει, οὐ νομίζων, ἕτερα δὲ δαιμόνια καινά. Der Freimut, mit dem er sich verteidigte, mag nicht wenig zu seiner Verurteilung beigetragen haben. So erlitt er 399 siebzig Jahre alt den Tod durch den Schierlingstrank.

Sokrates sieht von naturwissenschaftlichen Forschungen ab und beschränkt sich auf die Fragen, die das wahre Wohl des Menschen betreffen. Wer dieses im Auge hat, wird das thun, was er für gut erkennt. Sonach hängt das sittliche Leben vom richtigen Denken ab (ἀρετή ἐστιν ἐπιστήμη); die Tugend ist nur eine und lehrbar, und niemand handelt freiwillig böse. Die Hauptsache ist also die Bedingungen des Erkennens zu erforschen. Dieses aber beruht wesentlich auf der Feststellung der Begriffe. Wer derselben mit Rücksicht auf sich nachgeht, kommt zur Selbstprüfung, wer das gemeinsam mit anderen thut, zur Menschenprüfung. Beides führt zur Erkenntnis des Nichtwissens, insofern das, was man bisher für wahr hielt, den Forderungen des begrifflichen Wissens noch nicht entspricht. Da aber Sokrates an die Möglichkeit desselben glaubt, läßt er nicht ab es zu suchen. Dieses Forschen hat die Ausbildung der dialektischen Methode und der Begriffsbestimmung oder Induktion zur Folge gehabt. Eine Bestätigung für die Richtigkeit seines Handelns fand Sokrates in seinem Daimonion, einer inneren Stimme, die ihn allerdings niemals zu einer bestimmten Handlung antrieb, aber doch vom Verkehrten abhielt.

§ 8. Die Kyniker.

Von den Schulen, die sich an Sokrates anschlossen, ist am bekanntesten die der Kyniker, welche ihren Namen teils von dem ersten Sitze, dem Gymnasium Kynosarges in Athen, teils von ihrer Lebensweise hat.

Der Stifter dieser Schule ist **Antisthenes aus Athen**. Er lehrte, nur die Tugend sei ein Gut, nur die Schlechtigkeit ein Übel, alles andere sei gleichgültig; die Tugend aber bestehe in Bedürfnislosigkeit.

Schüler des Antisthenes ist der bekannte **Diogenes aus Sinope**.

§ 9. Platon.

(Über Platons Leben und Schriften s. o. S. 15.)

Platon knüpfte an die Sokratische Begriffsphilosophie an. Aber der Begriff ist ihm nicht ein wesenloses Abstraktum als das Allgemeine, das einer Mehrheit von Einzelwesen gemeinsam ist. Da sich nur das, was wirklich ist, erkennen läßt, so muß auch das im Begriff Gedachte das wahrhaft Seiende sein; das nennt er seine Form, die Idee (*ιδέα*, *εἶδος*). Die Ideen, die nur mit dem Denken erfaßt werden, sind allein ewig und unveränderlich, die konkreten Dinge, die mit den Sinnen wahrgenommen werden, haben nichts Bleibendes, sondern sind in einem unaufhörlichen Werdeprozeß begriffen; sie sind nur Abbilder jener Ideen. Allem Wissen (*ἐπιστήμη*) liegen die Ideen zu Grunde; was sich mit den sinnenfälligen Dingen befaßt, ist nur Meinung (*δόξα*), die wahr, aber auch falsch sein kann. Auf dem Wissen beruht das sittliche Handeln des Philosophen, das von der unbewußten und unvollkommenen Tugend der großen Menge verschieden ist. Die Ideenlehre ist für Platon auch die Grundlage der Lehre von der Unsterblichkeit der Seele.

§ 10. Aristoteles,

geboren in **Stageira**, einer makedonischen Stadt auf der Halbinsel Chalkidike, war in Athen Platons Schüler. Nach dessen Tode hielt er sich eine Zeit lang in Kleinasien auf. 342 wurde er berufen der Lehrer Alexanders des Großen zu sein und blieb bei ihm bis zu dessen Zuge nach Asien 334. Nach seiner Rückkehr nach Athen eröffnete er im Lykeion eine Schule, doch mußte er nach Alexanders Tode, der *ἀσέβεια* angeklagt, diese Stadt verlassen. Er wendete sich nach Chalkis und starb dort 322, in demselben Jahre, wie Demosthenes.

Aristoteles sucht, wie Platon, zu den letzten Gründen der Dinge vorzudringen, aber schreibt dem erfahrungsmäßigen Wissen eine viel größere Bedeutung zur Lösung dieser Aufgabe zu als jener. Da er infolge dessen Geschichte und Natur ebenso eindringend wie vielseitig durchforscht, ist er der umfassendste Gelehrte und Philosoph nicht nur seiner Zeit, sondern des ganzen Altertums geworden. Alle Teile der Philosophie hat er behandelt. Er war der Schöpfer der Logik, schrieb grundlegende Werke über Rhetorik, Poetik, Psychologie, Ethik und Politik. Nicht minder Bedeutendes leistete er in Mathematik, Physik und Naturgeschichte.

§ 11. Die Peripatetiker

haben ihren Namen davon erhalten, daß ihr Stifter Aristoteles bei seinen Vorträgen umherzugehen ($\pi\varepsilon\rho\iota\pi\alpha\tau\varepsilon\tilde{\iota}\nu$) pflegte.

Die Schüler des Aristoteles haben im wesentlichen seine Lehre weiter ausgebildet, neue Bahnen der Forschung aber nicht eingeschlagen.

Des Aristoteles Nachfolger war Theophrastos. Er leistete namentlich in der Pflanzenkunde Hervorragendes.

§ 12. Die Stoiker.

Zenon aus Kition auf Kypern trat um 300 v. Chr. in Athen als Lehrer der Philosophie auf. Seine Schüler wurden nach ihrem Versammlungsorte, der $\sigma\tau o\grave{\alpha}\ \pi o\iota\varkappa\acute{\iota}\lambda\eta$, Stoiker genannt. Die größten Verdienste um die Ausbildung und Überlieferung der Lehre erwarb sich Chrysippos aus Soloi.

Die Stoiker knüpften an die Kyniker (s. § 8) an. Ihr oberster Grundsatz ist naturgemäß leben ($\delta\mu o\lambda o\gamma o\upsilon\mu\acute{\varepsilon}\nu\omega\varsigma\ \tau\tilde{\eta}\ \varphi\acute{\upsilon}\sigma\varepsilon\iota\ \zeta\tilde{\eta}\nu$, naturae convenienter vivere). Für vernünftige Wesen, wie der Mensch ist, giebt es nur ein Gut, die Tugend, und nur ein Übel, die Schlechtigkeit; alles andere ist gleichgültig ($\dot{\alpha}\delta\iota\acute{\alpha}\varphi o\rho o\nu$). Weder in der Tugend noch in der Schlechtigkeit giebt es Gradunterschiede (recte facta omnia aequalia, omnia peccata paria). Da Tugend ohne Erkenntnis nicht möglich ist, muß der Tugendhafte auch weise sein. So ist der Weise (sapiens) das Ideal aller Vollkommenheit und der einzig Glückliche, der Thor (stultus) das Ideal aller Schlechtigkeit und Unseligkeit.

Die Stoiker wurden wegen ihres abstrakt theoretischen Standpunktes und der aus demselben sich ergebenden Paradoxa vielfach ebenso verspottet wie wegen der Erhabenheit ihrer sittlichen Forderungen bewundert.

§ 13. Die Epikureer.

Epikuros, in Samos geboren, trat 306 als Lehrer in Athen auf. Nach ihm giebt es nur ein Gut, nach dem alle streben, die Lust, und nur ein Übel, das alle fliehen, den Schmerz. Die höchste Lust ist die Gemütsruhe (ἀταραξία); darum ist die geistige Lust der körperlichen vorzuziehen, darum hält man sich besser vom Staatsleben fern (λάθε βιώσας). Bedingung der Gemütsruhe aber ist die Tugend. Die höchste Glückseligkeit besitzt der Weise; er ist von allem Äußeren unabhängig.

Im Gegensatz zu den Stoikern gehen die Epikureer von dem Standpunkte und den Forderungen des praktischen Lebens aus, doch warf man ihnen vielfach lockere Sitten vor, obwohl ihre Lehre dem rohen Sinnengenusse nicht das Wort redet.

§ 14. Die Akademiker

sind die Schüler des in der Akademie lehrenden Platon, und zwar bezeichnet man die, welche ihm unmittelbar nachfolgten, als die älteren Akademiker.

Gründer der neueren Akademie war Karneades aus Kyrene, der 155 nach Rom kam. Er leugnete, daß es ein Wissen gebe, und ließ nur Grade der Wahrscheinlichkeit gelten (Probabilismus). So trug er in die Platonische Schule die skeptische Richtung hinein.

Zu Homer.

Haus, Hausgerät und Kleidung.

I. Das Haus.

§ 1. Die Einfriedigung.

Das Grundstück war mit einer aus einer Mauer (τοῖχος, ὁ) bestehenden Einfriedigung (ἕρκος, τό) umgeben.

In dieser war nur ein Eingang, das Vorhaus (ὁ πρόδομος) mit dem Thorweg (πρόθυρον), dessen Seitenwände weiß getüncht waren (ἐνώπια παμφανόωντα), und der Hofthür (αὔλεια θύρη).

Zu beiden Seiten vom Thorweg waren Hallen (αἴθουσαι αὐλῆς).

Durch die Hallen gelangte man über die Schwelle (οὐδός αὔλειος) in den Hof.

§ 2. Der Hof (ἡ αὐλή).

Der Hof, in den man vom Vorhause aus eintritt, erstreckt sich bis zum Hause.

Ein durch eine Mauer (ἑρκίον αὐλῆς) abgegrenzter Teil dient wirtschaftlichen Zwecken. Auf ihm liegen die Stallungen (οἱ σταθμοί), der Düngerhaufen (ὁ κόπρος), die Mühlen (αἱ μύλαι), der Rundbau (ὁ θόλος) zur Aufbewahrung der Geräte, die Arbeiterwohnung (τὸ κλίσιον).

Im andern Teile sind Hallen (αἴθουσαι) und glatte Sitze (ξεστοὶ λίθοι) zu Versammlungen. Dort befindet sich auch der Altar des Ζεὺς ἑρκεῖος und das Gemach (θάλαμος) des Telemachos.

§ 3. Das Haus (τὸ δῶμα, ὁ δόμος, οἶκος).

Gegenüber dem Vorhaus des Hofes lag das Vorhaus des Hauptgebäudes (πρόδομος δόμου). Es enthielt die Vorhalle (αἴθουσα) mit ihren weiß gestrichenen Wänden (ἐνώπια παμφανόωντα), in der die Gäste schliefen, die Speerbehälter (δουροδόκαι), den Thürweg (πρόθυρον), auf dem man über die Schwelle (οὐδός) in den Saal trat.

Dieses Vorhaus war in der einen Schmalseite des Rechtecks angebracht, das den Männersaal (τὸ μέγαρον) bildete. Der Fußboden (τὸ δάπεδον) desselben bestand aus gestampftem Lehm. Sein Dachgebälk (μέλαθρον) ruhte auf Säulen (κίονες). Das Licht empfing er durch die Dachluken, durch die der Rauch abzog, und die Thüren. Abends brannten Leuchtpfannen (λαμπτῆρες). In der Mitte des Saales war der Herd (ἐσχάρη).

Der Saal ist auf zwei Seiten von einem Gang (λαύρη) umgeben. In diesen gelangt man meist durch die dem Vorhaus gegenüberliegende, also auf der anderen Schmalseite befindliche Hinterthür (μεγάροιο θύραι), auch durch die in der anstoßenden Langseite angebrachte Hochthür (ὀρσοθύρη).

§ 4. Das Hinterhaus (ὁ μυχός),

enthielt die Gemächer (θάλαμοι) für die Familie. Durch die Hinterthür des Saales und den Gang gelangte man in das Frauengemach (μέγαρον). Daran stieß das Schlafgemach mit dem festen Bette (πυκινὸν λέχος). Außerdem lagen dort noch die Waffen- und die Schatzkammer, die Wohn- und Arbeitsräume der Mägde.

Im Hinterhaus führte eine Treppe (κλῖμαξ, ἡ) in das Obergemach (ὑπερῷον). Dort hielt sich Penelope meist auf.

II. Das Hausgerät

1. zum Sitzen:

Feste Sitze im Freien sind θῶκοι. Die festen Steinsitze vor dem πρόδομος heißen ξεστοὶ λίθοι.
ἕδραι sind Sitze aller Art.
θρόνος ist ein hoher Sessel mit Arm- und Rücklehne, auf den Polster (ῥήγεα) und Decken (πέπλοι) gebreitet werden, mit einem Fußschemel (θρῆνυς).
κλισμοί, Lehnstühle, gehören nebst den θρόνοι zur Ausstattung des Männersaales.
Im Frauengemach sind meist κλισίαι, Arbeitsstühle, und δίφροι, Stühle ohne Lehnen.

2. zum Liegen:

εὐνή ist jede Lagerstätte für Mensch und Tier.
τὸ λέχος, τὸ λέκτρον, das Lager, die Bettstelle.
τὰ λέχεα, τὰ λέκτρα, das vollständige Bett.
Die Bestandteile des Bettes sind
a) τὰ δέμνια, das Bettgestell,
b) τὰ ῥήγεα, die Polster und Kissen, ὁ τάπης, das Betttuch, als Unterlage,
c) ἡ χλαῖνα, zum Zudecken.
Im Bette lag man völlig entkleidet.

3. zum Essen und Trinken:

ἡ τράπεζα, der Tisch. Ein Tisch war für eine bis zwei Personen bestimmt.
Vor der Mahlzeit wurden λέβητες, Becken, gereicht zum Waschen der Hände. Die Mahlzeiten selbst — τὸ ἄριστον, das Frühstück, τὸ δεῖπνον, die Hauptmahlzeit, τὸ δόρπον, das Abendessen — nahm man mit den Fingern zu sich.
Zum Mischen des Weines mit Wasser diente ὁ κρητήρ, der Mischkessel, der im Männersaal stand. Auch Dreifüße, τρίποδες, hatte man zu diesem Zwecke.
τὸ δέπας ist die Trinkschale; sie heißt ἀμφικύπελλον, wenn sie zwei Henkel hat.
Bezeichnungen für Becher sind τὸ κύπελλον, τὸ ἄλεισον.

III. Die Kleidung (τὰ εἵματα)

1. für Männer:

ὁ χιτών, der linnene Leibrock ohne Ärmel.
ἡ χλαῖνα, das wollene Obergewand, διπλῆ, δίπλαξ, doppelt

zusammengelegt, auf der Schulter geheftet. Man legte es ab beim Essen, Laufen.

Auch Tierfelle (δέρματα), namentlich Pantherfelle (παρδαλέαι), dienten als Obergewand.

τὸ φᾶρος ist das linnene Festgewand.

2. für Frauen:

ὁ πέπλος, das wollene Frauengewand, an den Hüften mit einem Gürtel (ζώνη) zusammengehalten. Auf den beiden Schultern sind die bis zur Hüfte geschlitzten Oberteile nebst Überschlag mit Haften (περόναι) befestigt.

Auch das φᾶρος findet sich als Frauengewand.

ἡ καλύπτρη ist ein linnenes Umschlagetuch, τὸ κρήδεμνον ein linnenes Kopftuch.

3. für Männer und Frauen:

τὰ πέδιλα, die Sandalen von Rindsleder.

Das Verkehrswesen.

I. Das Fuhrwerk.

§ 1. Die Arten der Wagen.

Ὁ δίφρος, τὸ ἅρμα, gewöhnlich τὰ ἅρματα, und τὰ ὄχεα bezeichnen den zweirädrigen, meist zweispännigen Reise- und Streitwagen.

Ἡ ἅμαξα ist der vierrädrige, ἡ ἀπήνη der mit Maultieren bespannte Lastwagen.

§ 2. Die Teile des Wagens.

1. ὁ δίφρος, das Trittbrett mit der dasselbe vorn und an den Seiten umgebenden, nicht hohen Brüstung, die aus Holz und Flechtwerk bestand, der Wagenstuhl.
2. ἡ ἄντυξ, ein gekrümmter, parallel zur Brüstung laufender Holzstab, an den man die Zügel anband, der Wagenrand.
3. οἱ τροχοί, τὰ κύκλα (Sing. ὁ κύκλος), die Räder von Holz, mit Metallreifen beschlagen. ὁ ἄξων, die Achse aus Metall oder Eichenholz.
4. ὁ ῥυμός, die Deichsel, an deren Spitze das Joch (τὸ ζυγόν) befestigt ist. Daran liefen die Pferde ohne Zugstränge.

Brauchte man den Wagen nicht, so nahm man seine Teile auseinander.

ὁ χαλινός, das Gebiß mit dem Zaume, an welchem die rinds-
ledernen Zügel (τὰ ἡνία) befestigt waren. ἡ μάστιξ, die Peitsche.

II. Das Schiffswesen.

§ 1. Der Schiffsrumpf.

1. ἡ τρόπις, der Kiel, ein der Länge des Schiffes entsprechender Balken, gleichsam das Rückgrat desselben. An den beiden Enden des Kieles werden schräg aufwärts gerichtet und nach außen gekrümmt Pfosten befestigt, die beiden Steven. ἡ στεῖρα, der Vordersteven.
2. οἱ δρύοχοι, die Spanten, sind die auf dem Kiel ruhenden, gabelförmig gebogenen, aufwärts gerichteten Hölzer, an welche die Planken der Schiffswand (αἱ σανίδες) angeschlagen werden, gleichsam die Rippen des Schiffes.
3. Ein Verdeck (σέλμα) hat nur das Vorderteil (ἡ πρῴρη) und das Hinterteil (ἡ πρύμνη) des Schiffes. τὰ ἴκρια sind die das Deck tragenden Balken.
4. τὰ ζυγά, die Deckbalken, dienen zur Verbindung der Spanten, und zugleich als Ruderbänke.

§ 2. Die Takelung (τὰ ὅπλα).

1. ὁ ἱστός, der Mast aus Tannenholz, aus einem einzigen Stück bestehend. Auf dem Schiffsboden war er durch den Mastköcher (ἡ ἱστοπέδη) befestigt. Die für ihn bestimmte Öffnung im Deck ist ἡ ἱστοδόκη. Aufgerichtet oder niedergelassen wurde er im Mastschacht (ἡ μεσόδμη), der im Hinterdeck durch vom Boden des Schiffes aufsteigende Ständer gebildet wurde.
2. οἱ κάλοι, die Taue, welche den Mast stützen. Von diesen fuhren zwei nach vorn und wurden am Vorderbug befestigt, die Bugstage (οἱ πρότονοι), eins fuhr nach hinten, der Backstag, das Spanntau (ὁ ἐπίτονος).
3. τὸ ἐπίκριον, die Rahe, die Segelstange, hing, wenn sie auf-geheißt war, wagerecht am Maste.
4. αἱ ὑπέραι, die Brassen, Taue, welche an beiden Enden der Rahe befestigt waren und an Deck herniederfuhren. Durch dieselben wurde die Rahe um ihre vertikale Achse gedreht.
5. τὸ ἱστίον, das Segel aus Leinwand (τὰ ἱστία, insofern es aus mehreren Leinwandstreifen bestand), wird an der Rahe be-festigt. In jede der beiden unteren Ecken werden zwei Taue eingebunden, durch welche das aufgeheißte Segel nach unten

festgehalten wird. Die beiden nach hinten fahrenden Taue heißen die Schoten (οἱ πόδες).

§ 3. Das Rudergeschirr.

1. τὸ ἐρετμόν, der Remen, das Ruder, aus einem einzigen Stück Holz gearbeitet, dient zur Fortbewegung des Schiffes. Der Griff desselben heißt ἡ κώπη (manchmal auch der Remen selbst), das Blatt τὸ πηδόν.
2. τὸ οἴηιον, τὸ πηδάλιον, das Steuerruder, am Hinterbord befindlich, dient zur Lenkung des Schiffes.
3. ὁ σκαλμός, die Dolle, gegen welche sich der Remen beim Anziehen des Griffes legt. ὁ τροπός ist der den Remen an die Dolle befestigende Riemen.
4. αἱ κληῖδες, die Ruderpflöcke.
5. οἱ κοντοί, die Staken, lange, starke Stangen, mit denen man das Schiff in Bewegung setzt oder festhält.

§ 4. Das Schiff im Wasser und am Lande.

Wollte man das Schiff zu Wasser bringen, so reinigte man die Furche für den Kiel und schob zunächst das Vorderteil ins Wasser und erst, nachdem man Mundvorrat und Schiffsgerät eingeladen hatte, stellte man es flott, d. h. schob es ganz ins Wasser.

Gewöhnlich brachte man das Schiff unter Remen auf die hohe See und setzte dann erst Segel. τὰ ἱστία ἕλκειν, ἀνερύειν, das Segel setzen, τὰ ἱστία πετανύναι, entfalten.

τὰ ἱστία στέλλειν, das Segel aufgeien, d. h. durch Aufziehen von unten her in Falten legen und so die Segelfläche vermindern.

τὰ ἱστία τείνειν vom Winde, der das Segel schwellt.

War man in der Nähe eines Hafens, so konnte man bei günstigem Winde und flachem Strande das Schiff gleich mit dem Vorderteile auf Sand laufen lassen (ἡ ναῦς ἐπικέλλει).

War das nicht möglich, so mußte man das Segel bergen (τὰ ἱστία καθαιρεῖν), den Mast umlegen und mit den Remen dem Lande zurudern.

Zuletzt wendete man das Schiff so, daß das Hinterteil nach dem Lande zu gerichtet war. Vom Vorderteile aus warf man Ankersteine an Tauen ins Meer (εὐνὰς βάλλειν) und band das Hinterteil an einem Stein oder Pfahl am Ufer fest (τὰ πρυμνήσια, πείσματα ἀνάπτειν. Gegensatz: λύειν).

Blieb man länger am Lande, so zog man das Schiff ganz

auf dasselbe, nachdem man alles Schwere (Takelung) daraus entfernt hatte. Man machte eine Furche (οὐρός) für den Kiel, legte Taue (σπεῖραι) um das Schiff und zog und schob es den Strand hinauf, bis es auf ebenem Boden vollständig aufrecht stand (ὑψοῦ ἐπὶ ψαμάθοις), durch Stützen (ἕρματα) festgehalten.

Das Kriegswesen.

§ 1. Die Truppengattungen.

I. Das Fußvolk, nach der Ausrüstung eingeteilt:
1. die Schwerbewaffneten (οἱ ἀσπισταί), die außer den Schutz= waffen Speer, Schwert oder Streitaxt führen und vorwiegend für den Nahkampf bestimmt sind.
2. die Leichtbewaffneten, vorwiegend für den Fernkampf bestimmt und nach ihrer Waffe benannt, z. B. ἀκοντισταί, Speer= schützen, τοξόται, Bogenschützen.

II. οἱ ἱππῆες sind die Fürsten und Edeln, die sich des Wagens bedienen, um rasch an den· Feid zu kommen oder zu fliehen. Sie verlassen meist den Wagen, wenn sie sich zum Kampfe wenden.

τὸ ἅρμα, der zweirädrige Streitwagen, gewöhnlich von zwei Rossen (δίζυγες ἵπποι) gezogen, auch δίφρος oder ἵπποι (das Gespann für den Wagen) genannt. Auf dem Wagen stand außer dem Kämpfer der Wagenlenker (ὁ ἡνίοχος).

§ 2. Die Waffen (τὰ ὅπλα, τεύχεα, ἔντεα).

I. Die Schutzwaffen:
1. ἡ κόρυς, ἡ πήληξ, der Helm aus Bronze, mit dem Helm= busch (λόφος),
ἡ κυνέη, ursprünglich der Helm aus Leder, dann auch der aus Bronze;
2. ὁ θώρηξ, der Panzer aus Bronze, aus Brust= und Rücken= stück (τὰ γύαλα) bestehend, an den Seiten zusammengeheftet; an denselben schloß sich der Gürtel (ὁ ζωστήρ) an.
3. αἱ κνημῖδες, die Beinschienen aus Bronze, vom Knöchel bis zum Knie reichend;
4. ἡ ἀσπίς, τὸ σάκος, der Schild aus Rindsleder, die Ober= fläche von Bronze, in der Mitte eine Erhöhung (ὀμφαλός). Er ist entweder mannshoch und oval oder klein und rund.

II. Die Angriffswaffen
   a) für die Nähe:
   1. τὸ ξίφος, τὸ φάσγανον, τὸ ἄορ, das Schwert aus Bronze, gerade, zweischneidig, spitz, zu Stich und Hieb verwendet,
   2. ἡ ἀξίνη, ὁ πέλεκυς, die Streitaxt aus Bronze;
   b) für die Ferne:
   1. τὰ τόξα, ὁ βιός, der Bogen.
   τὸ τόξον, das Bogengestell aus Horn, ἡ νευρή, die Sehne, ὁ ἰός, ὀϊστός, τὸ βέλος, der Pfeil, ein Rohrschaft mit einer Spitze von Metall, ἡ φαρέτρη, der Köcher,
   2. ἡ σφενδόνη, die Schleuder,
   3. ὁ λᾶας, τὸ χερμάδιον, der Stein;
   c) für die Nähe und die Ferne:
   τὸ ἔγχος, ἡ ἐγχείη, der Speer, zum Stoß und Wurf gebraucht. Er besteht aus einer eisernen oder bronzenen Spitze (ἡ αἰχμή), dem Schaft, genannt δόρυ, sofern er aus Holz, μελίη, sofern er aus Eschenholz, ξυστόν, sofern er geglättet ist — alle drei Worte werden auch für den Speer selbst gebraucht —, und dem metallenen Schuh (σαυρωτήρ).

§ 3. Die Schlacht.

Vor der Schlacht wird zur Feststellung des Planes ein Kriegsrat (βουλή) abgehalten.

Nachdem am frühen Morgen die Mannen gegessen und geopfert haben, strömen sie gewappnet zum Sammelplatz, wo die einzelnen Völkerschaften von ihren Führern geordnet werden. Die so aufgestellten Reihen heißen αἱ στίχες. Sie bilden eine gerade Linie von geringer Tiefe (φάλαγξ). Dann rücken sie vor und erheben in der Nähe des Feindes das Kriegsgeschrei (ἀλαλητός).

Beim stehenden Gefecht (σταδίη ὑσμίνη) stehen sich die Gesamtheere schlagfertig gegenüber, aber nur einzelne Krieger oder Truppen bekämpfen sich auf dem dazwischenliegenden Raume. An den Erfolg der Kämpfenden schließt sich meist der Versuch, die feindliche Phalanx zu durchbrechen.

Der Massenkampf in geschlossener Phalanx hat das Zurückdrängen oder den Durchbruch der feindlichen Linie (ῥῆξαι φάλαγγας, στίχας ἀνδρῶν) mittels gewaltsamen Angriffes zum Ziel.

Der geworfene Gegner zieht sich entweder zurück (ἀναχωρεῖν, ὀπίσσω χάζεσθαι, εἴκειν), wobei es vorkommt, daß das Gros von einem Teile des Heeres gedeckt wird, oder wendet sich zur Flucht (φόβος, φυγή), bei der sich die Reihen auflösen.

§ 4. Das Lager (ὁ στρατός).

Das Lager, aus Hütten (κλισίαι) bestehend, ist umgeben
1. von einem breiten und tiefen Graben (ἡ τάφρος),
2. von einem Erdwall (τεῖχος) mit hölzernen Türmen (πύργοι),
3. von Pallisaden (σκόλοπες).

Zwischen Graben und Wall ist ein Gang. In der Umwallung sind Thore (πύλαι).

Zur Nachtzeit stehen Posten (φυλακαί) vor dem Lager.

Die Götter.

§ 1. Allgemeines.

Als die Herrschenden werden die Götter ἄνακτες genannt, die Göttinnen πότνιαι.

Durch den Genuß der Götterspeise (ἀμβροσίη) und des Göttertrankes (νέκταρ) sind sie unsterblich (ἀθάνατοι) und nicht alternd (ἀγήραοι).

Sie sind ewig (αἰειγενέται, αἰὲν ἐόντες), selig (μάκαρες), leben mühelos hin (ῥεῖα ζώοντες).

§ 2. Die drei Generationen.

Als Ursprung der Götter (θεῶν γένεσις) wird Okeanos bezeichnet, als Mutter seine Gattin Tethys.

Ihre Nachkommen sind die Titanen. Von diesen werden nur Japetos und Kronos genannt.

Von Kronos und seiner Gemahlin Rhea stammen die Kroniden ab, Zeus, Poseidon, Aides und Here.

Von Zeus und seinen Geschwistern werden die Titanen unterworfen und im Tartaros eingekerkert. Die Sieger teilen die Welt so unter sich, daß Zeus den Himmel erhält, Poseidon das Meer, Aides die Unterwelt, die Erde aber und der Olympos gemeinsamer Besitz bleiben.

§ 3. Die älteren Götter.

In der von Zeus begründeten neuen Ära werden von den alten Göttern folgende beibehalten:

Okeanos fürchtet den Blitz des Zeus und kommt nicht zur Götterversammlung. Ge (Γῆ, Γαῖα), die Mutter Erde, wird in Verbindung mit Zeus, Helios und den Erinyen beim Schwur angerufen. Atlas hält selbst die hohen Säulen, die Erde und Himmel auseinander halten. Seine Tochter ist Kalypso, die Nymphe auf Ogygia.

Helios ('Ἥλιος), der Sonnengott, ist ὑπερίων, superior, φαέθων, strahlend. Er bringt den Sterblichen Licht (φαεσίμβροτος) und erfreut sie (τερψίμβροτος), ist unermüdlich (ἀκάμας) im Laufe. Da er alles sieht und hört (ὃς πάντ' ἐφορᾷ καὶ πάντ' ἐπακούει), schwört man bei ihm. Seine Tochter ist Kirke, die Αἰαίη nach der gleichnamigen Insel heißt.

Des Helios Schwester ist Eos, die Göttin der Morgenröte (ὄρνυθ', ἵν' ἀθανάτοισι φόως φέροι ἠδὲ βροτοῖσιν). Sie heißt frühgeboren (ἠριγένεια), rosenfingrig (ῥοδοδάκτυλος); ihr Gewand ist safranfarbig (κροκόπεπλος). Tithonos ist ihr Gemahl.

I. Die Götter des Himmels.

(Οὐρανίωνες, ἐπουράνιοι, Ὀλύμπιοι, Ὀλύμπια δώματ' ἔχοντες).

§ 4. Zeus.

1. Zeus heißt Κρονίδης, Κρονίων als Κρόνου παῖς ἀγκυλομήτεω (verschlagen), nach seiner Wohnung Ὀλύμπιος, auch αἰθέρι ναίων, im Äther wohnend.
2. Er ist der Gott des Himmels und aller Himmelserscheinungen. Von ihm kommt der Regen (Διὸς ὄμβρος), der Schnee (Διὸς νιφάδες), der Fahrwind (Διὸς οὖρος); nach ihm heißt der Himmelsglanz Διὸς αὐγαί. Auf ihn wird das Gewitter zurückgeführt. Er türmt die Wolken auf (νεφεληγερέτα), ist schwarz umwölkt (κελαινεφής). Er freut sich den Donnerkeil zu schleudern (τερπικέραυνος), schleudert Blitze (ἀστεροπητής), donnert in der Höhe (ὑψιβρεμέτης), donnert laut (ἐρίγδουπος), donnert weithin (εὐρύοπα). Das Symbol der Wetterwolke ist die von Hephaistos gefertigte αἰγίς, von der er den Beinamen αἰγίοχος führt. Er schickt Tag und Nacht (νύκτες τε καὶ ἡμέραι ἐκ Διός εἰσιν) und ordnet den Zeitlauf (Διὸς ἐνιαυτοί).
3. Zeus ist der höchste Herrscher, ὕπατος κρειόντων, der Herrscher der Götter (θεῶν ὕπατος καὶ ἄριστος) und Menschen (Ζεῦ πάτερ, ὅστε θεοῖσι καὶ ἀνθρώποισιν ἀνάσσεις). Daher heißt

er auch πατὴρ ἀνδρῶν τε θεῶν τε und schlechtweg πατήρ. Er beruft und hält die Götterversammlungen, ist der höchste Berater, ὕπατος μήστωρ, weise, μητίετα, übergewaltig, ὑπερμενής, sehr stark, ἐρισθενής. Da er auch die Zukunft kennt, kommt ihm die Weissagung zu (πανομφαῖος); er kündet sie an durch das Gerücht (ὄσσα), durch den ihm heiligen Vogel, den Adler (αἰετός); er sendet Vorzeichen (τέραα).
4. Zeus lenkt die Geschicke der Menschen; in seinem Hause sind die Gefäße (πίθοι) mit guten und bösen Gaben. Er schützt alle menschliche Ordnung, insbesondere das Königtum (τιμὴ δ' ἐκ Διός ἐστι), ist der Hort der Familie (ἑρκεῖος), der Fremden (ξείνιος) und Schutzflehenden (ἱκετήσιος), wacht über die Verträge (ὅρκια Διός). Als Lenker der Schlachten (ταμίης πολέμοιο) hält er in seiner Hand die heilige Wage (ἱρὰ τάλαντα), von der die Entscheidung abhängt.
5. Kultusstätten des Zeus sind in Dobona in Thessalien (Δωδωναῖος) und auf dem Gipfel des Jdagebirges (Ἰδαῖος, Ἴδηθεν μεδέων).

§ 5. Here.

1. Als θυγάτηρ μεγάλοιο Κρόνοιο von Okeanos und Tethys aufgezogen ist Here die Schwester und Gattin (κασιγνήτη ἄλοχός τε), die ehrfurchtgebietende Gemahlin (αἰδοίη παράκοιτις) des Zeus, der deshalb πόσις Ἥρης genannt wird. Mit Rücksicht auf ihr Alter (πρεσβυτάτη) und ihre Stellung wird sie als πρέσβα θεά, altehrwürdige Göttin, angeredet.] Neben Zeus thronend (χρυσόθρονος) hat auch sie die Macht über Donner und Blitz, Stürme und Nebel.
2. Ihre Schönheit wird durch die Prädikate ἠΰκομος, schön gelockt, βοῶπις, farrenäugig, hoheitblickend, λευκώλενος, weißarmig, bezeichnet. Die Chariten (Χάριτες) bilden ihr Gefolge. Wegen des ihr ungünstigen Urteiles des Paris ist sie die unversöhnliche Feindin der Troer und begünstigt die Achaier, weshalb sie mehrfach mit Poseidon und Athene verbündet erscheint. Auch zu Zeus tritt sie oft in Gegensatz.
3. Ihre und des Zeus Töchter sind die Εἰλείθυιαι, die Geburtsgöttinnen.
4. Ihre Hauptkultusstätten sind Argos (Ἀργείη), Sparta und Mykene.

§ 6. Phoibos Apollon,

1. Λητοῦς καὶ Διὸς υἱός, steht dem Zeus sehr nahe (Διὶ φίλος), wie er denn nur mit diesem das Prädikat ἄριστος führt. Er

ist λυκηγενής, im Lichte geboren, χροσάορος, goldbehangen, goldgeschmückt.
2. Vor allem ist Apollon der Todesgott, der Jünglinge und Männer dahinrafft, und führt als solcher Pfeil und Bogen. Er ist der Gott mit dem silbernen Bogen (ἀργυρότοξος), der Bogenberühmte (κλυτότοξος), der in die Ferne Treffende (ἑκάεργος, ἑκατηβόλος, ἕκατος). Mit seinen sanften Pfeilen (ἀγανοῖς βελέεσσιν) sendet er leichten und plötzlichen Tod. Einen schrecklichen Tod aber bereitet er denen, welchen er zürnt. So erlegt er die sechs Söhne der Niobe, weil sie sich vermessen über seine Mutter Leto geäußert hatte. Seine Geschosse (κῆλα θέοιο) erregen die Pest.
3. Apollon erteilt Orakel in Pytho und verleiht die Kunst der Weissagung, z. B. dem Kalchas. Auch lehrt er den Demodokos und Phemios die Kunst des Gesanges.

§ 7. Artemis,

1. Tochter des Zeus (Διὸς κούρη μεγάλοιο) und der Leto, Schwester des Apollon (κασιγνήτη Ἑκάτοιο).
2. Als Göttin, die Pfeil und Bogen führt, heißt sie ἰοχέαιρα, die Pfeilschützin, τοξοφόρος, die Bogenführende, ἐύσκοπος, die gut Zielende. Mit diesen Waffen ist sie
a) Todesgöttin. Sie tötet die Frauen bisweilen sanft und ohne Krankheit, doch auch plötzlich und im Zorne, wie die Niobiden. Als Göttin mit goldener Spindel (χρυσηλάκατος) erinnert sie an die Schicksalsmächte, die Moiren.
b) Jagdgöttin, die im Freien schweifende Herrin des Wildes (πότνια θηρῶν ἀγροτέρη), die ihre Freude am Jagdlärm hat (κελαδεινή).
3. Insofern sie παρθένος ἀδμής, die unbezwungene Jungfrau, ist, heißt sie ἁγνή, jungfräulich. Als solche ist sie schön: ἐυπλόκαμος, schön gelockt, ἐυστέφανος, mit schönem Kopfschmuck, χρυσόθρονος, golden thronend. Sie überragt die Nymphen, die sie begleiten; mit ihr werden die schönsten Frauen (Helene, Penelope) verglichen.

§ 8. Pallas Athene

1. ist des Zeus Tochter die herrlichste Tritogeneia (Διὸς θυγάτηρ κυδίστη Τριτογένεια, am Triton geborene), die vom Zeus Geborene (Διὸς ἐκγεγαυῖα), des mächtigen Vaters Tochter (ὀβριμοπάτρη) und steht von allen Göttinnen dem Zeus am

nächsten. Wie Zeus hat sie Gewalt über die Himmelserschei=
nungen; sie sendet Gewitter, führt die Aigis, lenkt die Winde.
Nach ihrer äußeren Erscheinung ist sie die Göttin mit dem
leuchtenden Auge (θεὰ γλαυκῶπις), die schöngelockte (εὐπλόκαμος,
ἠΰκομος).
2. Namentlich in der Ilias ist sie Kriegsgöttin, Παλλάς, die Waffen
Schwingende. Die Werke des Krieges (πολεμήια ἔργα) besorgt
sie in der Weise, daß sie mit Mut Überlegung verbindet; sie
ist reich an Rat (πολύβουλος), feuert das Volk an (λαοσσόος),
wehrt und hilft (ἀλαλκομενηΐς), verleiht Beute (ἀγελείη, ληῖτις),
ist unbezwinglich (ἀτρυτώνη). Tapfere und kluge Helden schützt
sie, wie Tydeus, Diomedes (τρεῖν μ' οὐκ ἐᾷ Παλλὰς Ἀθήνη),
Odysseus.
3. Die herrlichen Werke (ἔργα κλυτά), die Athene zu fertigen
versteht, bezeichnen das Höchste in weiblichen Kunstarbeiten (ἔργα
γυναικῶν), besonders im Spinnen und Weben.
4. Ihre berühmteste Kultusstätte ist Athen.

§ 9. Ares,

1. Sohn des Zeus und der Here. Sein Wohnsitz ist das kriege=
rische Thrakien.
2. Als Verkörperung des Krieges ist er ehern (χάλκεος), riesig
(πελώριος, er deckt 7 Plethren und schreit wie 10000 Männer),
gewaltig (ὄβριμος), schnell (θοός), hitzig (ὀξύς), unersättlich im
Kampfe (ἆτος πολέμοιο), stürmisch (θοῦρος).
  Im Gegensatz zu Athene ist er der Vertreter der unüber=
legten, unzuverlässigen Kampfeswut: μαινόμενος, rasend, ἀλλο-
πρόσαλλος, wetterwendisch, βροτολοιγός, Menschen verderbend,
τειχεσιπλήτης, Mauerstürmer, und sonach τυκτὸν κακόν, das
vollendete Unheil, und als solches verhaßt (στυγερός).
3. Das Entsetzen, das er verbreitet, und seine Mordlust kommt
auch in seiner Verwandtschaft und Begleitung zur Erscheinung.
Seine Schwester ist Ἔρις, Ἄρεος ἀνδροφόνοιο κασιγνήτη
ἑτάρη τε, sein Sohn Φόβος, sein Wagenlenker Δεῖμος. Seine
Begleitung bilden die mörderische Ἐννώ, wonach er ἐνυάλιος
heißt, die verderbliche Todesgöttin, Κήρ, der Dämon des Schlacht=
getümmels, Κυδοιμός.
  Nach ihm werden tüchtige Krieger ἀρήιοι, auch seine Diener
(θεράποντες) oder Sprößlinge (ὄζοι) genannt.

§ 10. Aphrobite,

1. die Tochter des Zeus und der Dione, nach ihren Kultusstätten Κύπρις und Κυθέρεια benannt.
2. Als Göttin der weiblichen Schönheit und der Liebe heißt sie χρυσέη, die goldene, φιλομμειδής, die süß lächelnde, ἐυστέφανος, die mit schöner Kopfbinde geschmückte. Immer bedienen sie die Χάριτες. Wo ein Weib als schön geschildert wird, wird sie mit Aphrobite verglichen. Ihr Gürtel (ἱμάς) ist der Sitz alles Liebeszaubers (θελκτήρια). Ihr sind die ἱμερόεντα ἔργα γάμοιο verliehen, nicht die πολεμήϊα ἔργα; deshalb heißt sie auch die schwächliche Göttin (ἄναλκις θεός); doch hat sie mehrfache Beziehungen zu Ares und nimmt entschieden für die Troer Partei.

§ 11. Hephaistos,

1. Sohn des Zeus und der Here. In der Ilias wird Charis, in der Odyssee Aphrobite als seine Gattin genannt. Weil er lahm zur Welt kam, warf ihn Here vom Olymp hinab; des Okeanos Töchter Eurynome und Thetis nahmen sich seiner an. Später schleuderte auch Zeus ihn vom Olymp; er kam auf Lemnos zur Erde, wo ihn die Sintier pflegten.

Wegen seiner körperlichen Gebrechen heißt er ἠπεδανός, gebrechlich, χωλός, lahm, χωλεύων, hinkend, ἀμφιγυήεις, auf beiden Füßen hinkend, κυλλοποδίων, krummfüßig. Er ist deshalb βραδύς, langsam.

Im übrigen hat er einen nervigen Nacken und eine zottige Brust und ist stolz auf seine Stärke (σθένεϊ βλεμεαίνων).
2. Hephaistos ist der Gott des Feuers und aller Künste, die sich dessen bedienen. Er ist der Schmid (χαλκεύς), wegen seiner Kunst berühmt (κλυτοτέχνης), erfinderisch (πολύμητις) und klug (πολύφρων). Kunstwerke von ihm sind die Aigis und das Scepter des Zeus, die Waffen des Achill. Auch Baumeister ist er; sich und den Göttern hat er Paläste errichtet.

§ 12. Hermes,

1. Sohn des Zeus und der Maia, heißt nach dem arkadischen Gebirge, auf dem er geboren ist, Κυλλήνιος. Er erscheint als lieblicher Jüngling, dem der erste Bart sproßt.
2. Als Bote des Zeus (Διὸς ἄγγελος) heißt er διάκτορος, der Bestellende, und wird zu Aufträgen benutzt, die Klugheit und Gewandtheit voraussetzen. κρατὺς Ἀργειφόντης, der starke

Eilbote. Er führt einen Stab (ῥάβδος); goldene Sandalen (πέδιλα) tragen ihn über Land und Meer. Nach dem goldenen Stabe heißt er χρυσόρραπις. Auch vermittelt er den Verkehr zwischen Ober- und Unterwelt und sendet den Schlaf.

3. Da Hermes gern mit Menschen verkehrt und sich ihnen hilfreich erweist, heißt er ἐριούνης, ἐριούνιος, der Segenspendende, ἀκάκητα, der Heilbringende. Als δώτωρ ἑάων, Geber der Güter, verleiht er Reichtum, besonders an Herden.

§ 13. Dienende Gottheiten.

Iris richtet in der Ilias an Götter und Menschen die auf Krieg bezüglichen Botschaften aus. Die ihr beigelegten Attribute gehen auf ihre Schnelligkeit: πόδας ὠκέα, schnellfüßig, ἀελλόπος, sturmfüßig, χρυσόπτερος, mit goldenen Schwingen.

Hebe, die Göttin der Jugendschönheit, kredenzt den Göttern den Nektar und leistet ihnen noch vielfach andere Dienste.

Themis ist die Vertreterin der Ordnung besonders in den Versammlungen, die sie auch beruft.

Die Musen sind die Töchter des Zeus und wohnen auf dem Olymp. Sie erfreuen die Götter durch ihren Gesang, verleihen ihren Lieblingen die Gabe des Gesanges und kommen ihnen durch Überlieferung des Stoffes zu Hilfe. Meist wird nur eine erwähnt, niemals neun.

II. Die Götter des Meeres.

§ 14. Poseidon.

1. Dem Poseidon ist zugefallen πολιὴν ἅλα ναιέμεν αἰεί. Er hat schwarzes Haar (κυανοχαίτης). Insofern das Meer die Erde umfaßt, ist er γαιήοχος. Von ihm kommen Stürme und und Schiffbruch, wie glückliche Fahrt. Mit seinem Dreizack (τρίαινα) wühlt er das Meer auf, erschüttert die Erde und spaltet Felsen. Hiernach ist er εὐρυκρείων ἐνοσίχθων, der weithin herrschende Erderschütterer, ἐννοσίγαιος εὐρυσθενής, der gewaltige Erderschütterer.

2. Da die Meereswogen laufenden Rossen gleichen, sind diese vorzugsweise die Geschöpfe und Tiere des Poseidon.

3. Kultusstätten hat er in Helike und Aigai in Achaia, namentlich auch bei den Phaieken, die von ihm abstammen.

§ 15. Nebengottheiten.

Amphitrite ist ἁλοσύδνη, die Meerestochter, die Göttin der dunkeln, an das Gestade brausenden Meeresflut, κυανῶπις, schwarzäugig, ἀγάστονος, dumpf brausend. Sie pflegt die Geschöpfe des Meeres.

Die Töchter des bei Homer nur als Meergreis bezeichneten **Nereus** sind die **Nereiden**, κοῦραι ἁλίοιο γέροντος, die ἅλιαι θεαί, ἅλιαι κασίγνηται. Die bekannteste ist **Thetis**, die Gemahlin des Peleus, die Mutter des Achilleus, die schöngelockte Meerestochter, καλλιπλόκαμος ἁλοσύδνη, die silberfüßige, ἀργυρόπεζα.

Proteus, der Untergebene des Poseidon (Ποσειδάωνος ὑποδμώς), hütet seine Robbenherden und hat die Kraft sich vielfach zu verwandeln und zu weissagen. Seine Tochter ist **Eidothee**.

Ino Leukothee ist des Kadmos Tochter, aber unter die Götter versetzt.

Phorkys ist ein Meergreis (ἅλιος γέρων), der Herrscher des öden Meeres (ἁλὸς ἀτρυγέτοιο μέδων). Seine Tochter, die Nymphe **Thoosa**, ist die Mutter des Kyklopen **Polyphemos**, des Sohnes des Poseidon.

III. Die Götter der Erde.

§ 16. Demeter

ist Ackergöttin und heißt ξανθή, blond (die Farbe des reifen Getreides), καλλιπλόκαμος, schön gelockt. Δημήτερος ἀκτήν, die Feldfrucht, essen die Menschen. Sie ist thätig beim Worfeln, sondert die Frucht von der Spreu. Im thessalischen Pyrasos hat sie einen heiligen Hain (Δήμητρος τέμενος).

§ 17. Dionysos,

den himmlischen Göttern (θεοὶ ἐπουράνιοι) gleichgestellt, ist Sohn des Zeus und der Semele, die Wonne der Sterblichen (χάρμα βρότοισιν). Den schwärmenden Dionys (Διόνυσος μαινόμενος) und seine Pflegerinnen (τιθῆναι) jagt der Thrakerfürst Lykurgos ins Meer und wird dafür geblendet.

IV. Die Götter der Unterwelt.

§ 18. Hades ('Ἀίδης, 'Ἀιδωνεύς),

der unterirdische Zeus (Ζεὺς καταχθόνιος), der Herrscher der Unterirdischen (ἄναξ ἐνέρων), ἐνέροισιν ἀνάσσων — λάχε ζόφον ἠερόεντα (das düstere Schattenreich). Seine Wohnung (δόμος Ἄϊδος oder Ἀΐδαο) ist die unsichtbare Tiefe der Erde. Seine Kappe (Ἄϊδος κυνέη) verleiht der Tarnkappe entsprechend Unsichtbarkeit.

Er ist stark (ἴφθιμος), riesenhaft (πελώριος), unversöhnlich und unbeugsam (ἀμείλιχος ἠδ' ἀδάμαστος), der gewaltige Thürhüter der Unterwelt (πυλάρτης κρατερός). Als Feind alles Lebens ist er θεῶν ἔχθιστος ἁπάντων und στυγερός, verhaßt. Auf seinem Wagen mit den berühmten Rossen (κλυτόπωλος) entführt er seine Beute in die Unterwelt.

Als Πλούτων, als Spender des Reichtums, des Segens, der aus dem Dunkel der Erde kommt, kennt Homer den Hades noch nicht.

§ 19. Persephoneia,

die Gemahlin des Hades, ist ἀγαυή, hehr, ἐπαινή, furchtbar. Sie hat die Herrschaft über die Frauen in der Unterwelt.

§ 20. Die Erinyen,

die Rächerinnen alles Unrechtes, namentlich aller Äußerungen der Impietät und des Meineides, stehen im Dienste der unterirdischen Götter und walten von der Unterwelt aus ihres Amtes auf der Oberwelt. Sie haben ein unerbittliches Herz (ἀμείλιχον ἦτορ) und sind verhaßt (στυγεραί).

Zu den Tragikern.
Das athenische Theaterwesen.

§ 1. Die Aufführung der Stücke

war Staatssache. Ihre Zulassung hing von einem Archon ab.

Aufführungen fanden nur an Dionysosfesten statt. An den großen Dionysien im März kämpften drei tragische Dichter mit je drei Trauerspielen und einem Satyrspiel, sowie drei Komödiendichter mit je einem Stücke um den Preis. (S. S. 9.)

Die Kosten der Ausstattung des Chores trug der χορηγός. Er stellte den χοροδιδάσκαλος, der den Chor einübte, erhielt und kleidete den Chor. Derselbe bestand seit Sophokles aus 15 Mitgliedern, χορευταί, vorher aus 12. Wo der Chor spricht, vertritt ihn der Führer, κορυφαῖος.

§ 2. Die Schauspieler.

Die Schauspieler, ὑποκριταί, deren Zahl von Sophokles auf drei festgestellt wurde, stellte der Staat. Auch Frauenrollen wurden von Männern gespielt. Die Schauspieler trugen kostbare, bis zum Boden herabreichende Gewänder. Ihre Gestalt wurde durch den κόθορνος, eine Fußbekleidung mit hohen Sohlen, und den ὄγκος, einen Haaraufsatz, erhöht. Das Gesicht bedeckte eine Maske (πρόσωπον). Außer diesen Schauspielern traten stumme Personen (κωφὰ πρόσωπα) und Gefolge (θεράποντες, δορυφόροι) auf.

§ 3. Das Theater in Athen.

Athen hatte anfänglich ein hölzernes Theater. Dieses stürzte zu Anfang des 5. Jahrhunderts zusammen. Wo es stand, ist nicht bestimmt zu sagen.

Das steinerne Dionysostheater am südöstlichen Abhange der Akropolis, dessen Überreste noch vorhanden sind, gehört dem 4. Jahrhundert an. Der Redner Lykurgos (s. S. 19) hat den vor seiner Verwaltung der athenischen Finanzen begonnenen Bau um das Jahr 330 zu Ende geführt. Dieses Theater faßte 30000 Personen.

§ 4. Das Theatergebäude.

Τὸ θέατρον, κοῖλον, cavea, der Zuschauerraum. Die in Stein gehauenen Sitze stiegen terrassenförmig in immer mehr sich erweiternden Bogen hintereinander auf. Sie waren durch Gänge in Stockwerke, durch strahlenförmig aufsteigende Treppen in keilförmige Abteilungen eingeteilt. Die vordersten Reihen waren für die obrigkeitlichen Personen bestimmt.

An die unterste Sitzreihe des Zuschauerraumes schloß sich durch einen Umgang getrennt die ὀρχήστρα an, womit ursprünglich der kreisrunde Tanzplatz des Chores bezeichnet wurde. Im athenischen Theater bildete derselbe einen etwas verlängerten Halbkreis, in dessen Mitte sich der erhöhte Opferplatz mit dem Altar (θυμέλη) befand.

Ihren äußersten Abschluß erhielt die Orchestra durch die dem Zuschauerraum gegenüberliegende σκηνή, ein langgestrecktes, rechteckiges Gebäude, in welchem sich die Schauspieler aufhielten und umkleideten.

Vor dieser Skene war eine mit Säulen geschmückte, den unmittelbaren Abschluß der Orchestra bildende Dekorationswand, das προσκήνιον, das in der Mitte eine oder mehrere Thüren für die Schauspieler hatte.

Die Orchestra gehörte dem Chore; auf ihr führte er seine Kreistänze auf.

Auf der Orchestra traten ursprünglich auch die Schauspieler auf. Etwa seit 427 wurde für diese vor dem Proskenion ein oblonges, überdachtes Holzgerüst (λογεῖον) aufgeschlagen.

Zwischen der Orchestra und dem Zuschauerraum waren an den beiden Seiten die πάροδοι, die Zugänge für das Publikum und den Chor.

§ 5. Theatereinrichtungen.

Die Dekorationswand stellte meist einen Palast dar. Die Stelle unserer Coulissen vertraten die περίακτοι (sc. μηχαναί), drehbare Wände, die auf einem gleichseitigen Dreieck aufgerichtet waren. Zwischen denselben und der Dekorationswand traten die nicht aus dem Palaste kommenden Personen auf und zwar links vom Zuschauer aus die, welche aus der Ferne, rechts die, welche aus der Nähe kamen.

Von den Theatermaschinen sei nur die μηχανή erwähnt, eine Vorrichtung, auf welcher die Götter oberhalb der Bühne erschienen, (S. S. 10.)

Zu Xenophon.
Das Kriegswesen.
§ 1. Die Truppengattungen.

A. οἱ πεζοί, das Fußvolk.
 I. οἱ ὁπλῖται, die Schwerbewaffneten, mit Schutz- und Angriffswaffen ausgerüstet, für den Nahkampf bestimmt, bilden den Kern des Heeres.
 II. οἱ γυμνῆτες, γυμνοί, ψιλοί, die Leichtbewaffneten, ohne Schutzwaffen, für den Fernkampf bestimmt.
  1. οἱ ἀκοντισταί, die Speerschützen.
  2. οἱ τοξόται, die Bogenschützen, meist aus Kreta.
  3. οἱ σφενδονῆται, die Schleuderer.
 III. οἱ πελτασταί, nach ihrem kleinen, leichten Schild (πέλτη) benannt, für den Nah- und Fernkampf bestimmt, daher mit Schutz- und Angriffswaffen versehen.
B. οἱ ἱππεῖς, die Reiterei, wenig entwickelt. Ihre Bewaffnung entspricht der der Hopliten, nur haben sie keinen Schild und statt der Beinschienen hohe Stiefel.

ὁ ὄχλος, der Troß, ebenso zahlreich wie das Heer selbst, besteht aus Gepäckträgern (σκευοφόροι), Schildträgern der Hopliten (ὑπασπισταί), Trompetern (σαλπικταί), Herolden (κήρυκες), Ärzten (ἰατροί), Sehern (μάντεις).

§ 2. Die Einteilung und die Führer der Truppen.

Genauer gegliedert sind nur die Hopliten, die Kerntruppen des Heeres. Dieselben zerfallen in Abteilungen (τάξεις) von 200 Mann, die meist durch Stammesangehörige gebildet sind, in Athen durch die von einer Phyle gestellten Soldaten. An der Spitze einer τάξις steht ὁ ταξίαρχος.

Jede τάξις wird in 2 λόχοι, Kompagnien zu 100 Mann, eingeteilt, die von λοχαγοί, Hauptleuten, geführt werden.

Jeder λόχος zerfällt in 2 Züge (αἱ πεντηκοστύες unter je einem πεντηκοστήρ), jede πεντηκοστύς in 2 Korporalschaften (αἱ ἐνωμοτίαι unter je einem ἐνωμοτάρχης).

Größere Truppenmassen befehligte ein στρατηγός (Heerführer, Oberst) oder dessen Stellvertreter (ὑποστράτηγος, Unterfeldherr).

§ 3. Die Waffen (τὰ ὅπλα).

A. Schutzwaffen:
1. τὸ κράνος, der Helm aus Metall, 2 kg schwer;
2. ὁ θώραξ, der Brustharnisch aus Metall, bestehend aus Brust- und Rückenstück, durch Schulterstücke und Gürtel zusammengehalten;
3. αἱ κνημῖδες, die Beinschienen aus Bronze, vom Knöchel zum Knie reichend;
4. ἡ ἀσπίς, entweder der große Ovalschild aus Rindshäuten mit Metallplatten oder der kleine runde Schild. (παρ' ἀσπίδα, linksum!)

B. Angriffswaffen
a) für die Nähe:
1. τὸ δόρυ, die Lanze, bestehend aus einer eisernen oder bronzenen Spitze (λόγχη), einem hölzernen Schaft und einem metallnen Schuh, 2 m lang, nur zum Stoß verwendet. (ἐπὶ δόρυ, rechtsum!);
2. τὸ ξίφος, das Schwert aus Bronze oder Eisen, gerade, zweischneidig, zum Stich und Hieb bestimmt, in einer Scheide am Riemen über die rechte Schulter getragen;
3. ἡ μάχαιρα, der krumme, einschneidige Säbel, nur zum Hieb bestimmt;

b) für die Ferne (τὰ βέλη):
1. τὸ ἀκόντιον, der Wurfspieß, 1½ m lang;
2. τὸ τόξον, der Bogen, τὸ τόξευμα, ὁ οἰστός, der Pfeil, ἡ φαρέτρα, der Köcher;
3. ἡ σφενδόνη, die Schleuder zum Werfen von Steinen, Thon- oder Bleikugeln.

Die Waffen des Hopliten wiegen zusammen 35 kg. τίθεσθαι τὰ ὅπλα, 1. halt machen, 2. sich rühren. τίθεσθαι τὰ ὅπλα εἰς τάξιν, in Reih und Glied treten.

§ 4. Der Marsch (ἡ πορεία, ὁδός).

Der Tagemarsch beträgt meist 5 Parasangen (Wegstunden), also etwa 30 km. Rasttage werden öfters eingeschoben. Am späten Vormittage wird eine Pause für das Frühstück (τὸ ἄριστον) gemacht, dann wieder marschiert bis zur Hauptmahlzeit (τὸ δεῖπνον).

Die Reihenfolge der Truppen auf dem Marsche war keine bestimmte, sondern richtete sich nach den Umständen. Die Spitze des Zuges heißt τὸ ἡγούμενον, die Nachhut οἱ ὀπισθοφύλακες. Die erste Stelle im Zuge (ἡ ἡγεμονία) wechselte täglich unter den Lochagen. Der Marsch geschieht gewöhnlich in sehr langen Kolonnen (ἐπὶ oder κατὰ κέρας πορεύεσθαι), so daß die Lochen hinter einander gingen.

Der Troß folgte entweder hinter der Abteilung, zu der er gehörte, oder hinter dem Heereszuge.

In der Nähe des Feindes marschierte man in Schlachtordnung (§ 5) oder im Viereck (πλαίσιον), in welchem die Hopliten an den vier Seiten aufgestellt waren, hinter ihnen die Leichtbewaffneten standen und der Troß die Mitte bildete. Die Flanken dieses Vierecks hießen πλευραί, die Stirnseite τὸ στόμα, die Rückseite ἡ οὐρά.

§ 5. Die Schlacht (ἡ μάχη).

Die Schlachtreihe (ἡ φάλαγξ) bildet eine ununterbrochene gerade Linie von Hopliten, die gewöhnlich acht Mann tief stehen.

Diese gesamte Linie wird in das Mitteltreffen (τὸ μέσον), den rechten (τὸ δεξιὸν) und den linken Flügel (τὸ εὐώνυμον κέρας) eingeteilt.

Das leichte Fußvolk wird je nach den Umständen teils vor, teils hinter, teils zur Seite der Phalanx aufgestellt.

Vor der Schlacht wird geopfert, dann hält der Feldherr eine Ansprache und giebt die Parole aus (z. B. Ζεὺς σωτήρ). Dann singt das gesamte Heer den Paian (παιανίζειν), in welchem es den Ares um Sieg anfleht. Hierauf ertönt die Trompete (σαλπίζειν) zum Angriff und das Heer geht unter Kriegsgeschrei (ἀλαλά, ἐλελεῦ) vor. Die Hopliten kämpfen erst mit dem Speere, dann mit dem Schwerte. Die Entscheidung liegt meist beim rechten Flügel, auf dem die besten Truppen stehen.

Befehle werden teils durch Trompetensignale erteilt (σημαίνειν, zum Angriff blasen σημαίνειν τὸ πολεμικόν), teils vom Herold ausgerufen (κηρύσσειν), teils von Mund zu Mund weiter gegeben (παραγγέλλειν, παρεγγυᾶν).

§ 6. Das Lager (τὸ στρατόπεδον).

Das Heer lagert am liebsten in Dörfern oder Städten. Im Freien benutzte man Lagerzelte. Jede Heeresabteilung lagert für sich, nach Lochen geordnet.

Auf einem besonderen Platze vor dem Lager wurden die Waffen aufgestellt. Außerdem gab es einen Platz für Versammlungen und einen Marktplatz (ἀγορά) zum Handeln mit Lebensmitteln.

Das Lager war möglichst durch seine Lage geschützt, aber nicht befestigt. Zum Schutze desselben dienten Vorposten (προφύλακες) und Wachen (φυλακαί) außerhalb und innerhalb desselben.

Die Nachtwache war in drei Teile geteilt. Der erste dauerte vom Eintritt der Dunkelheit bis Mitternacht, der zweite bis zum Anbruch der Morgenröte, der dritte bis zum Aufbruch. Während der Nacht brannten Wachfeuer (τὰ πυρά).

Zu den Rednern.
Das athenische Gerichtswesen.
§ 1. Die Arten der Prozesse.

Δίκη im weiteren Sinne bezeichnet jede Art von Prozessen, im engeren Sinne einen Privatprozeß (causa privata), d. h. einen Prozeß wegen Verletzung persönlicher Interessen, im Gegensatz zur γραφή, dem öffentlichen Prozesse (causa publica), d. h. einem Prozesse wegen Verletzung eines Rechtes der Gesamtheit.

I. Die Personen.
§ 2. Die Behörden.

Die für die Prozesse zuständige Behörde waren die Archonten, und zwar wurden an den ersten ἄρχων die Klagen gebracht, welche sich auf das Familienrecht, an den ἄρχων βασιλεύς die, welche sich auf Religion und Kultus (hierzu gehörten auch Mordsachen), an den ἄρχων πολέμαρχος die, welche sich auf die Metöken und Fremden bezogen, an die sechs θεσμοθέται die anderen Klagen.

Ein Schreiber (γραμματεύς) besorgte das Verlesen der Beweismittel.

Die Vollziehung der für Vergehen gegen den Staat beschlossenen Strafen überwachten die Elfmänner (οἱ ἕνδεκα), einer aus jeder Phyle mit einem Schreiber. Dieselben hatten auch die Aufsicht über die Gefängnisse.

§ 3. Die Richter (οἱ δικασταί, ἡλιασταί).

Richter konnte nur sein, wer das 30. Jahr überschritten hatte. Alljährlich wurden 6000 von den Bürgern ausgelost, 600 aus jeder Phyle. 1000 waren Ersatzmänner. Die übrigen 5000 wurden in 10 Abteilungen, jede zu 500 Mann, verteilt, die durch das Los an die verschiedenen Gerichtshöfe (δικαστήρια) verteilt wurden. Doch kommen auch Gerichtshöfe von mehr oder weniger Richtern vor. Sie wurden alle vereidigt (Geschworene). Jeder erhielt als Zeichen seiner Würde einen Stab und eine Marke, gegen die er den Richtersold, seit Perikles 1, seit Kleon 2 Obolen, erhob.

§ 4. Die streitenden Parteien.

Kläger (ὁ διώκων) kann nur ein Bürger sein, der im Vollbesitz seiner Rechte (ἐπίτιμος) ist. Andere können in der Regel nur durch einen Vertreter (κύριος) Klage führen.

Für den Staat konnte jeder (ὁ βουλόμενος) unbescholtene Bürger, auch eine Behörde als Kläger auftreten. Erhielt man bei der Entscheidung nicht den fünften Teil der Stimmen, so mußte man eine Buße von 1000 Drachmen zahlen und verlor das Recht wieder eine Klage derselben Art anzubringen.

Privatklagen konnten nur von den Geschädigten selbst ausgehen.

Der Angeklagte (ὁ φεύγων) brachte oft Frau, Kinder, Freunde mit vor Gericht, um Mitleid zu erwecken.

II. Das Verfahren.

§ 5. Das Anbringen der Klage.

Der Kläger lud den Beklagten in Gegenwart von Zeugen vor die zuständige Behörde und erschien dann mit ihm vor derselben mit der schriftlich abgefaßten Klage. Die Behörde brachte diese zur öffentlichen Kenntnis.

In einer hierauf angesetzten Voruntersuchung wurde die Klage, sowie die Einrede (beides heißt ἀντιγραφή) vom Kläger und Angeklagten beschworen (διωμοσία, ἀντωμοσία). Auch wurden von beiden Seiten die Beweismittel, Urkunden, Zeugenaussagen beigebracht. Aussagen von Sklaven waren nur giltig, wenn sie unter der Folter abgegeben waren. Diese Beweismittel wurden von der Behörde bis zum Tage der Gerichtsverhandlung verwahrt.

§ 6. Die Gerichtsverhandlung.

Das Gerichtsverfahren wurde an dem für dasselbe festgesetzten Termine im Gerichtslokal (δικαστήριον) dadurch eröffnet, daß die Behörde, welche den Vorsitz (ἡ ἡγεμονία τοῦ δικαστηρίου) hatte, vor den versammelten Richtern und den geladenen Zeugen die Klage und die Gegenschrift verlesen ließ und die Parteien aufforderte ihre Sache zu führen.

Jedem Redner war eine bestimmte Zeit durch die Wasseruhr (ἡ κλεψύδρα, τὸ ὕδωρ) zugemessen, die bei der Verlesung des Beweismateriales durch den Schreiber zum Stehen gebracht wurde. Sowohl den Parteien war es erlaubt, Fragen aneinander zu stellen, als auch den Richtern an die Parteien.

§ 7. Das Urteil.

Sofort nach der Verhandlung stimmten die Richter geheim durch Stimmsteine (ψῆφοι) ab, weiße und schwarze oder volle und durchlöcherte. Bei Stimmengleichheit erfolgte Freisprechung (calculus Minervae).

Für manche Vergehen war die Strafe vom Staate ein= für allemal festgesetzt, z. B. für Staatsverbrechen Tod, Verbannung, Gefängnis, Verlust der bürgerlichen Rechte (ἀτιμία), Einziehung des Vermögens, Geldstrafen. Ein solcher Rechtsstreit hieß ἀγὼν ἀτίμητος. War die Strafe erst festzusetzen (ἀγὼν τιμητός), so folgte eine zweite Verhandlung über das Strafmaß. Der Kläger stellte einen Strafantrag, der Angeklagte einen Gegenantrag. Die Richter gaben die Entscheidung, konnten aber auch über die beantragte Strafe hinausgehen.

Der Vorsitzende verkündete das Urteil.

Die athenische Volksversammlung (ἡ ἐκκλησία) als Schauplatz der politischen Beredsamkeit.

§ 1. Das Verhältnis zwischen Rat und Volksversammlung.

Der Rat (ἡ βουλὴ οἱ πεντακόσιοι), aus 500 Mitgliedern, 50 aus jeder Phyle, bestehend, war in 10 Abteilungen verlost, von denen jede den zehnten Teil des Jahres (35—36 Tage, eine πρυτανεία) die Leitung der Geschäfte führte (φυλὴ πρυτανεύουσα). Aus derselben wurde für jeden Tag einer durch das Los gewählt, der im Rate und in der Volksversammlung den Vorsitz hatte (ὁ ἐπιστάτης). Im 4. Jahrhundert aber wurde von diesem ἐπιστάτης aus den neun nicht den Vorsitz führenden Phylen je ein πρόεδρος und aus diesen neun πρόεδροι ein ἐπιστάτης erlost, der beide Versammlungen leitete.

Für alles, was an die Volksversammlung gebracht werden sollte, wurde im Rate die Vorlage (τὸ προβούλευμα) gemacht.

§ 2. Die Kompetenz der Volksversammlung.

In der Volksversammlung ruhte die Entscheidung über alle Staatsangelegenheiten. Sie beschloß über neue Gesetze und Gesetzesänderungen, über Steuern und die Verwendung öffentlicher Gelder, wählte Beamte und verlieh Ehren, entschied über Krieg und Frieden, über den Abschluß von Bündnissen und Verträgen und sprach in besonderen Fällen Recht.

§ 3. Die Teilnehmer und Redner (οἱ ἐκκλησιασταί).

Zur Volksversammlung war jeder unbescholtene (ἐπίτιμος) Bürger vom 20. Lebensjahre an zugelassen. Aufseher verhüteten das Eindringen von Unberufenen. Jeder Eintretende erhielt eine Marke, gegen welche er den Sold (früher 1, später 3 Obolen) empfing.

Das Wort erhielt jeder, der es begehrte (ἡ ἰσηγορία). Da indes die, welche mit einer gewissen Regelmäßigkeit das Wort ergriffen (οἱ εἰωθότες sc. λέγειν, οἱ λέγοντες), nicht nur in den inneren und äußeren Angelegenheiten des Staates wohlbewandert (daher heißen sie οἱ πολιτευόμενοι), sondern auch der Rede in hohem Grade mächtig sein mußten, so war thatsächlich die Zahl der Redner keine große.

Der Redner trug als Zeichen der Unverletzlichkeit einen Kranz und stand auf einer Rednerbühne (τὸ βῆμα). Der Vorsitzende konnte ihm das Wort entziehen, wenn er von dem vorliegenden

Gegenstande abwich oder sonst gegen die Sitte verstieß. Auch konnte anderweite Bestrafung eintreten.

§ 4. Ort, Zeit, Verlauf der Volksversammlung. Die Volksversammlung fand früher auf dem Markte, später gewöhnlich auf der Pnyx in der Nähe des Marktes statt. Die Teilnehmer saßen (οἱ καθήμενοι). Viermal in jeder Prytanie wurden ordentliche Volksversammlungen (νόμιμοι) berufen, außerordentliche (σύγκλητοι) bei dringenden Anlässen. Einberufen wurden dieselben durch den ἐπιστάτης, der auch die für die Verhandlung bestimmten Gegenstände vorher durch Anschläge öffentlich bekannt machte.

Nachdem die Versammlung durch Opfer und ein Gebet des Heroldes eröffnet war, legte der Vorsitzende die Tagesordnung vor und richtete an das Volk die Frage, ob es dem Ratsgutachten (τὸ προβούλευμα) beitreten wollte. Geschah das, so wurde es zum Beschluß erhoben. Im andern Falle wurde die Debatte eröffnet.

Auch aus der Mitte der Versammlung konnten Anträge gestellt werden; aber der Vorsitzende entschied, ob sie ihr vorzulegen seien.

Die Abstimmung geschah durch Händeaufheben (χειροτονία), in persönlichen Angelegenheiten durch Stimmtäfelchen (ψῆφοι). Der Beschluß (τὸ ψήφισμα) wurde im Archiv aufbewahrt.

Der Vorsitzende entließ (λύειν, διαλύειν) die Versammlung durch den Herold.

Die Stadt Athen.
§ I. Die Akropolis.

Den Mittelpunkt der Stadt bildete die Akropolis, ursprünglich Königsburg und Festung, nach den Perserkriegen nur Kultusstätte, von Perikles mit Prachtbauten ausgestattet. Ihre Oberfläche, die durch die Kimonischen Mauern (Stützmauern für die Anschüttungen) noch erweitert wurde, war ca. 300 m lang und 120 m breit.

Zu dieser Burg führten auf der Westseite die von Mnesikles erbauten Propyläen hinauf. Das Eingangsthor bildete eine Vorhalle mit sechs dorischen Säulen — davon haben die Propyläen ihren Namen — und hinter diesen eine von fünf Durchgängen durchbrochene Mauer, von denen der mittelste der breiteste und höchste war. Durch diesen gelangte man in die von je drei ioni=

schen Säulen auf beiden Seiten eingefaßte äußere Halle, von da in die innere Halle, die ihren Abschluß wieder in sechs dorischen Säulen fand.

Südlich vom Eingang war der kleine Tempel der Athene Nike. Trat man aus den Propyläen in die Akropolis, so sah man die von Pheidias geschaffene eherne Riesenstatue der Athene Promachos vor sich.

Rechts davon lag weiterhin der Parthenon (παρθενών, Jungfrauengemach), von Iktinos aus weißem pentelischem Marmor erbaut, in dem die aus Gold und Elfenbein von Pheidias gefertigte Statue der Athene Parthenos mit der Nike auf der vorgestreckten rechten Hand stand.

Nördlich davon war der durch die Perser zerstörte alte Athenetempel gelegen und weiterhin der Tempel des Poseidon-Erechtheus, gewöhnlich Erechtheion genannt.

Am nördlichen Fuße der Burg lag das alte Prytaneion, am Südostabhange das Theater des Dionysos.

§ 2. Die Stadt.

Südlich von der Akropolis bildete sich zunächst die Altstadt, $Κυδαθήναιον$, in deren Nähe der Ilisos floß. Westlich davon lag die Pnyx, auf der Volksversammlungen gehalten wurden, östlich der Stadtbrunnen $Καλλιρρόη$ und der vom Kaiser Hadrian vollendete Zeustempel, τὸ 'Ολυμπιεῖον.

Westlich von der Akropolis erhob sich der Areopag, der Sitz des berühmten Gerichtshofes, von demselben wieder westlich der Nymphenhügel mit dem βάραθρον, einem Schlund, in den gemeine Verbrecher gestürzt wurden.

Nördlich vom Areopag entstanden zur Zeit der Peisistratiden die neuen Stadtteile (τὰ προάστεια, die Vorstädte) in der Töpfervorstadt, dem Kerameikos mit seinem Marktplatz, der zum Mittelpunkte des öffentlichen Lebens wurde. Prachtbauten, besonders Hallen, umgaben ihn. So die στοὰ ποικίλη mit ihren die athenischen Heldenthaten darstellenden Gemälden. Für die Prytanen wurde dort die θόλος errichtet, in deren Nähe das Rathaus, τὸ βουλευτήριον, war.

Die Befestigung Athens stammte in der Hauptsache von Themistokles her.

Außerhalb der Stadt lagen die bekannten Gymnasien und zwar am nordwestlichen Ende des Kerameikos die Akademie (S. 15), östlich von der Akropolis das dem Herakles geweihte Kynosarges

(S. 26), südwestlich davon das dem Apollon Lykeios geheiligte Lykeion (S. 26).

§ 3. Peiraieus

heißt die 8 km südwestlich von Athen gelegene Halbinsel. Schon durch ihre Berge sehr geschützt, wurde sie überdies von Themistokles, der zuerst ihre Bedeutung für Athen erkannte, mit einer Mauer umgeben.

Auf dieser Halbinsel lag die gleichnamige Hafenstadt von Athen, die regelmäßig angelegt, namentlich von Handelsherren, Schiffern, Technikern und Handwerkern bewohnt und mit Schiffswerften und Magazinen aller Art ausgestattet war.

Sie hatte drei Häfen, den Peiraieus, der zugleich Handels- und Kriegshafen war, Munychia und Zea.

Kimon und Aristeides verbanden die Stadt mit dem Peiraieus durch die langen Mauern ($τὰ\ μακρὰ\ τείχη$ oder $σκέλη$), von denen die nördliche vom Nymphenhügel nach dem Peiraieus, die südliche oder phalerische von der Altstadt nach der phalerischen Bucht ging. Eine dritte Mauer zwischen diesen beiden ($τὸ\ διὰ\ μέσου\ τεῖχος$), parallel zur nördlichen, fügte Perikles hinzu.

Zweiter Teil.

Die Römer.

Die Litteratur.

I. Die Anfänge und Allgemeines.

§ 1. Selbständige Anfänge der römischen Litteratur.

Im Gegensatz zur griechischen Litteratur hat die römische keine organische Entwicklung. Die Römer hatten bei ihrem verständigen, auf das Praktische gerichteten Sinn sich von Anfang an mehr der Ausbildung ihrer staatlichen Verhältnisse zugewendet als der Pflege der Litteratur. Was bei ihnen spontan entstanden ist, hat alles einen sehr naturwüchsigen Charakter. Teils hing es mit gewissen Kulten zusammen (carmen Saliare, carmen fratrum Arvalium), teils wurde es durch die bei Festen herrschende gehobene Stimmung hervorgerufen und war derselben entsprechend heiter (carmina Fescennina bei Hochzeiten) oder traurig (neniae, Totenklagen). Außerdem haben die Behörden frühzeitig kunstlose Aufzeichnungen von dem gemacht, was für die Verwaltung wichtig war — Verzeichnis der Gerichtstage, fasti — und was sich in ihrem Amtsjahre Bemerkenswertes zutrug.

§ 2. Der Einfluß der Griechen auf die römische Litteratur.

Erst die Berührung mit den Griechen gab den Römern seit dem Ende des ersten punischen Krieges tiefer gehende Anregungen zur Beschäftigung mit der Litteratur. Nur dadurch wird es erklärlich, daß bei ihnen neben dem Epos gleich das Drama auftrat, das drastischer wirkt als die übrigen Gattungen der Poesie, und daß sich fast gleichzeitig mit der Poesie die Prosa entwickelte. Es kann hiernach nicht befremden, wenn die Römer die Litteratur nicht in dem ganzen Umfange erfolgreich ausbildeten wie die Griechen, sondern nur die Gattungen, die ihrer Begabung am meisten entsprachen. Bedeutendes haben sie geleistet auf dem Gebiete der Prosa in der Geschichtsschreibung und Beredsamkeit, Originelles auf dem Gebiete der Poesie in der Satire.

§ 3. Das Drama.

Zu den ersten Anfängen des Dramas sind die Römer selbständig gelangt. Schon frühzeitig gab es in Unteritalien possenhafte Nachahmungen von Vorgängen des gemeinen Lebens (mimi); in den nach der campanischen Stadt Atella genannten fabulae Atellanae wurden in derbkomischer Weise Scenen des kleinstädtischen Lebens mit feststehenden Rollen vorgeführt.

Aber alle litterarisch bedeutsamen Erscheinungen auf dem Gebiete der dramatischen Litteratur schließen sich an die Griechen an. Insofern von denselben die Handlung, der Schauplatz, die Tracht entnommen war, wurden die Stücke als fabulae palliatae bezeichnet. Insbesondere nahmen sich die römischen Komödiendichter die neue Komödie zum Vorbild (Menander, Philemon. Vgl. S. 20), welche dadurch, daß sie das häusliche Leben auf die Bühne brachte, den Römern am meisten verständlich war.

In der Komödie unterscheidet man den prologus, der das Publikum über den Inhalt des Stückes orientiert, die diverbia, Dialogpartien, und cantica, Gesänge mit Musikbegleitung.

Gegenüber der fabula palliata brachte die fabula togata römisches Leben in den von den Griechen erlernten Formen zur Darstellung, doch hat dieselbe keine bemerkenswerte Entwicklung in der Litteratur gehabt.

§ 4. Die Satire.

Im Gegensatz zum Drama ist die Satire (satura sc. poesis die ältere, satira die jüngere Form), die in allen Litteraturepochen hervorragende Vertreter gehabt hat, unabhängig von den Griechen entstanden. Darauf weist schon ihr Name hin. Sie hat denselben von der lanx satura erhalten, einer Schüssel mit Allerlei. In satura liegt also zunächst der Begriff des Mannigfachen. Mannigfach war anfänglich ihr Inhalt wie ihre Form. Die auf dem scharfen Verstand der Römer beruhende kritisierende Tendenz kam erst später in dieselbe hinein.

II. Das archaische Zeitalter.

Vom Ende des ersten punischen Krieges bis zur Zeit Sullas.

(Von 240 bis 88 v. Chr.)

1. Die Poesie.

§ 5. Livius Andronicus. Cn. Naevius.

Die ältesten Dichter schrieben teils Epen im saturnischen Versmaß, teils Bearbeitungen griechischer Dramen. Der versus Saturnius bestand aus zwei Vershälften von je drei Hebungen ohne Rücksicht auf die Quantität:

virúm mihí, Caména, ínsecé vorsútum.

So übersetzte Livius Andronicus, ein Grieche von Geburt und Freigelassener eines römischen Senators, um 240 v. Chr. die Odyssee in Saturniern, die lange Zeit das Schulbuch der Römer war, und bearbeitete griechische Tragödien.

Cn. Naevius schrieb Dramen, namentlich Komödien, und besang den ersten punischen Krieg, in dem er selbst mitgekämpft hatte.

§ 6. T. Maccius Plautus,

geboren um 254 zu Sarsina in Umbrien, kam früh nach Rom, fand dort Beschäftigung am Theater, verlor das dabei gewonnene Geld in Handelsunternehmungen und mußte sich in einer Mühle seinen Lebensunterhalt erwerben. In dieser bedrängten Lage fing er an Komödien zu schreiben. Er starb 184 v. Chr.

Wir haben noch 20 plautinische Stücke, die ältesten vollständigen Werke der römischen Litteratur, die auf uns gekommen sind. Die bekanntesten sind Captivi, Trinummus, Rudens, miles gloriosus, Menaechmi, Amphitruo. Wenn Plautus auch im ganzen die in den griechischen Originalen gegebenen Handlungen beibehielt, so mußte er doch durch Einmischung römischer Eigenheiten denselben einen besonderen Reiz zu geben.

§ 7. Q. Ennius,

ein unteritalischer Grieche, später römischer Bürger, der zur Zeit des zweiten punischen Krieges lebte, schrieb außer Dramen ein Epos annalium l. XVIII, in dem er die Geschichte Roms von Äneas bis auf seine Zeit behandelte. Er wandte in demselben zuerst den Hexameter an. Außerdem verfaßte er Satiren in der ursprünglichen Form (§ 4).

§ 8. P. Terentius Afer,

geboren zu Karthago, kam als Sklave nach Rom zu einem Senator Terentius, der ihn gut erziehen ließ und ihm dann die Freiheit schenkte. Zu dem jüngeren Scipio Africanus und zu Lälius trat er in ein näheres freundschaftliches Verhältnis. Nachdem sechs Stücke von ihm zur Aufführung gelangt waren (166—160), machte er eine Reise nach Griechenland, von der er nicht zurückkehrte. Er war erst 26 Jahre alt, als er starb.

Die sechs Stücke des Terentius sind: Andria, Eunuchus, Heautontimorumenos, Adelphoe, Hecyra, Phormio. Er schloß sich enger an seine griechischen Vorbilder, namentlich an Menander, an als Plautus, nahm aber in seine Vorlage manchmal auch einiges aus anderen Stücken auf (contaminatio). So geben dieselben das griechische Kolorit treuer wieder als die Komödien des Plautus.

§ 9. C. Lucilius,

ein römischer Ritter, Freund des jüngeren Scipio Africanus und Lälius, schrieb saturae vorwiegend in Hexametern. In denselben unterwarf er das politische, gesellige und litterarische Leben seiner Zeit einer freimütigen, vielfach leidenschaftlichen und bitteren Kritik und gab damit dieser Litteraturgattung die polemische Richtung, die sie seitdem beibehalten hat.

2. Die Prosa.

§ 10. Die Anfänge der römischen Geschichtsschreibung.

Die Geschichtsschreibung liegt einem politisch gearteten Volke, wie die Römer es waren, sehr nahe. Stellt sie doch die Veränderungen des Staates nach innen (Verfassungsgeschichte) und nach außen dar (politische Geschichte). Kein Wunder also, wenn die Römer auf diesem Gebiete der Litteratur Hervorragendes leisteten.

Schon frühe fing man an rohe Aufzeichnungen von dem zu machen, was alljährlich geschah. Insbesondere thaten das die pontifices maximi, welche dabei namentlich die prodigia berücksichtigten. Diese Schriftstücke heißen annales pontificum oder maximi.

Manches davon ist im gallischen Brande (390) verloren gegangen.

Diese Aufzeichnungen waren nur Urkunden zur Geschichte, noch nicht selbst Geschichtsbücher. Die ersten Versuche in dieser

Richtung machten die sogenannten Annalisten, die in der einfachsten Weise namentlich die Vorkommnisse ihrer Zeit aufzeichneten. Anfänglich bediente man sich dazu der griechischen Sprache, da der schriftliche Gebrauch der lateinischen noch zu große Schwierigkeiten machte. So Q. Fabius Pictor, der zur Zeit des zweiten punischen Krieges die römische Geschichte von den Anfängen bis zu seiner Zeit behandelte.

Bahnbrechend war der als Vertreter der nationalen Richtung in Sitte und Litteratur berühmte M. Porcius Cato (184 Censor) dadurch, daß er sich zuerst der lateinischen Sprache für die prosaische Darstellung bediente. Er schrieb originum l. VII, die Entwickelungsepochen des römischen Staates von der Gründung der Stadt bis auf seine Zeit.

III. Das goldene Zeitalter.

Von der Zeit Sullas bis zum Tode des Augustus.
(Von 88 v. Chr. bis 14 n. Chr.)

§ 11. Allgemeines.

Das goldene Zeitalter ist die Periode, in welcher es den Römern gelingt, die von den Griechen empfangenen Anregungen so auszugestalten, daß sie zunächst auf dem Gebiete der Prosa (Ciceronianische Zeit), dann aber auch auf dem Gebiete der Poesie (Augusteische Zeit) Mustergültiges und für alle Zeiten Wertvolles hervorbrachten.

Die in dieser Periode zuerst auftretende lyrische Poesie schloß sich anfangs an die ihr zeitlich am nächsten liegende alexandrinische Kunstpoesie (Kallimachos, Theokritos. Vgl. S. 20) an, bis Horaz auf die älteren griechischen Vorbilder zurückging.

1. Die Poesie.

§ 12. T. Lucretius Carus,

Zeitgenosse Ciceros, schrieb de rerum natura l. VI, ein philosophisches Lehrgedicht, das vom Standpunkte der epikureischen Schule aus der Aufklärung der Zeitgenossen dienen wollte.

§ 13. C. Valerius Catullus,

geboren zu Verona, zu Rom gebildet, Freund des Cornelius Nepos, starb 30 Jahre alt. Er gab mit der größten Unmittelbarkeit

seinen leidenschaftlichen Empfindungen Ausdruck, seiner Liebe zu
Lesbia, seinem Hasse gegen Cäsar.

§ 14. P. Vergilius Maro,

geboren 70 zu Andes bei Mantua. Als Sohn wohlhabender
Eltern empfing er in Cremona, Mediolanum und Rom sorgfältigen
Unterricht in Grammatik, Rhetorik und Philosophie.
Durch seine schwächliche Gesundheit gehindert sich dem Staats=
dienste zu widmen, kehrte er 45 in seine Heimat zurück und
schrieb nach dem Vorbilde der Idyllen des Theokritos (vgl. § 11)
zehn eclogae, auch bucolica genannt, Hirtengedichte mit viel=
fachen Anspielungen auf zeitgenössische Persönlichkeiten und Ver=
hältnisse.

Als seit 41 Ländereien an die Veteranen des Octavianus und
Antonius verteilt wurden, wurde auch Vergil aus seinem Besitztum
vertrieben. Infolge dessen wandte er sich nach Rom, wo er in
den Dichterkreis, der sich um C. Cilnius Mäcenas versammelt
hatte, aufgenommen wurde und auch dem Augustus näher trat.
Durch diesen wurde er für die erlittenen Verluste entschädigt, so
daß er sorgenlos weiterleben konnte.

Die ihm gewordene Muße verwendete Vergil zunächst zur
Abfassung eines Lehrgedichtes über den Landbau, die ursprüngliche
Beschäftigung der Römer, die auch seiner eigenen Natur sehr zu=
sagte. Er schrieb georgicon l. IV, die von Ackerbau, Wein= und
Obstbau, Vieh= und Bienenzucht handeln.

Auf Veranlassung des Augustus unternahm es Vergil ein
römisches Nationalepos zu schreiben, welches das Schicksal des
Äneas, der als Ahnherr der Julier galt, zum Gegenstande hatte,
Aeneidos l. XII. Er wollte sich mit diesem Gedichte dem Homer
an die Seite stellen. Die sechs ersten Bücher enthalten der Odyssee
entsprechend die Irrfahrten des Äneas und der Troer, die sechs
letzten der Ilias entsprechend die Kämpfe der Troer um den Besitz
von Latium. Im Gegensatz zum Volksepos des Homer ist die
Äneis ein Kunstepos, das auf gründlichen Studien der Mythen,
Sagen und Altertümer beruht.

Vergil starb im Jahre 19 auf der Rückkehr von einer Reise
nach Griechenland, ehe er sein Epos vollendet hatte. Doch wurde
es auf den Wunsch des Augustus veröffentlicht und begründete
seinen Ruhm als des ersten nationalen Dichters der Römer. Es
wurde in den Schulen eifrig gelesen und gab den Gelehrten reichen
Stoff zu wissenschaftlicher Forschung.

§ 15. Q. Horatius Flaccus,

geboren 65 v. Chr. zu Venusia, Sohn eines Freigelassenen, der sich als exactionum coactor ein mäßiges Vermögen erworben hatte. Er erhielt eine sorgfältige Bildung. Zu Rom war der Grammatiker Orbilius sein Lehrer. In Athen widmete er sich philosophischen Studien. Dort schloß er sich nach Cäsars Ermordung (44) dem M. Brutus an, wurde von diesem zum tribunus militum ernannt und nahm 42 an der Schlacht bei Philippi teil. Nach dem für seine Partei unglücklichen Ausgange derselben verzichtete er auf jede weitere politische Thätigkeit. Seines Vermögens fast gänzlich beraubt, wurde er in Rom scriba quaestorius. In dieser Zeit schrieb und veröffentlichte er Satiren und Epoden und hatte damit den Erfolg, daß er durch die Vermittelung des Vergilius in den Kreis des Mäcenas aufgenommen wurde. Diesem verdankte er es, daß er bei aller Wahrung seiner persönlichen Selbständigkeit in eine äußerlich behagliche Stellung kam. Mäcenas schenkte ihm das Sabinum. Durch denselben trat er auch dem Augustus näher; ja er schloß sich aufrichtig an ihn an. Horaz blieb unvermählt. Er starb 8 v. Chr., kurz nach Mäcenas, neben dem er bestattet wurde.

Horaz begann seine schriftstellerische Laufbahn mit den Satiren, die zugleich mit den Episteln im Gegensatz zu den carmina als sermones bezeichnet werden, insofern beide im Gesprächston geschrieben sind. Er bietet in ihnen zwanglose, vielfach mit Humor gewürzte, kritische Auslassungen über Schwächen und Verkehrtheiten, wie sie in den sozialen und litterarischen Erscheinungen seiner Zeit zu Tage traten.

Vielleicht gleichzeitig mit den Satiren entstanden die Gedichte, welche Spätere Epoden, Horaz selbst Jamben nennt. ἐπῳδοί sind vorwiegend jambische Verse, in denen längere und kürzere Zeilen miteinander abwechseln; ἴαμβοι im Sinne von Spottversen hatte Archilochos geschrieben (vgl. S. 7). Horaz griff in denselben gewisse Persönlichkeiten leidenschaftlich an. Doch tragen einzelne dieser Gedichte schon einen allgemeineren Charakter und können als Vorläufer der Oden gelten.

Nach den Epoden veröffentlichte Horaz die drei ersten Bücher carmina, die von den Spätern odae genannt wurden. Seine Vorbilder waren die älteren griechischen Lyriker, insbesondere die äolischen, Sappho, Alkaios, Anakreon (vgl. S. 7). Manches ist Übersetzung, aber die meisten Gedichte sind selbständig. Dem

Horaz war es gelungen sich die griechische Bildung innerlich anzueignen und mit seinem Geschmack den Römern das zu bieten, was ihnen angemessen war. Dadurch wurde er der erste nationale Lyriker derselben.

Das vierte Buch der carmina erschien längere Zeit nach den drei ersten.

Das carmen saeculare gehört in das Jahr 17; es ist im Auftrage des Augustus geschrieben.

Die letzten und vollendetsten Gedichte des Horaz sind die Episteln. Sie haben ein mehr subjektives Gepräge, wie es die Rücksichtnahme auf die Person der Empfänger mit sich brachte; doch behandeln sie Fragen von allgemeinerem Interesse. Die dritte Epistel des zweiten Buches, an die Pisonen gerichtet, führt seit Quintilianus den Titel ars poetica; doch ist dieselbe weder eine systematische, noch eine vollständige Darstellung der Poetik.

§ 16. Die Elegiker.

Den wesentlichen Inhalt der elegischen Gedichte bildet das Liebesleben der Dichter.

Albius Tibullus, ein wohlhabender Ritter, machte ohne Neigung für den Kriegsdienst einige Feldzüge unter dem ihm befreundeten Messalla mit, lebte aber die meiste Zeit in ländlicher Zurückgezogenheit. Unter seinem Namen haben wir elegiarum l. IV, die jedoch nicht alle von ihm herrühren. Wie sein älterer Freund Horaz in den Oden, empfing auch er seine Anregung von den griechischen Dichtern der klassischen Zeit. Er starb jung, bald nach Vergil.

Sextus Propertius stammte aus einer angesehenen umbrischen Familie und lebte frei von Geschäften in Rom seinen dichterischen Neigungen, dem Mäcenas nahe stehend, mit Vergil und Ovid befreundet. Wir haben von ihm elegiarum l. IV. Er schloß sich den alexandrinischen Dichtern (Kallimachos) an.

§ 17. P. Ovidius Naso,

geboren 43 v. Chr. zu Sulmo im Pälignerland. Um ihm eine bessere Ausbildung geben zu lassen, brachte ihn sein dem Ritterstande angehöriger Vater nach Rom. Dort trieb er, weil er sich auf den höheren Staatsdienst vorbereiten sollte, namentlich rhetorische Studien. Vom 17. bis 20. Lebensjahre unternahm er eine Reise nach Athen, Kleinasien und Sicilien. Nach seiner Rückkehr bekleidete er in Rom niedere Ämter, aber ein unwiderstehlicher Zug zur Poesie bewog ihn, diese Laufbahn nicht weiter zu verfolgen. Die volle Hingabe an das dichterische Schaffen wurde ihm durch die glücklichen äußeren Verhältnisse ermöglicht, in denen er lebte. Man unterscheidet drei Perioden desselben.

In der ersten schrieb er im elegischen Versmaß eine Menge Liebesgedichte, epistulae oder Heroides, fingierte Briefe von mythischen Personen, besonders Heroinen an ihre entfernten Geliebten, z. B. der Penelope an Ulixes, amorum l. III, artis amatoriae l. III u. a. Auch verfaßte er eine sehr gerühmte Tragödie, Medea, die verloren gegangen ist.

Die zweite Periode umfaßt seine zwei bedeutendsten Werke, metamorphoseon l. XV und fastorum l. VI. Die Metamorphosen sind ein erzählendes Gedicht in Hexametern, welches die Mythen, in denen Verwandlungen vorkommen, vom Beginn der Welt bis auf die Apotheose des Julius Cäsar behandelt. Die im elegischen Versmaß geschriebenen Fasten haben einen vaterländischen Stoff zum Inhalt, das römische Kalenderjahr mit seinen Festen. Der Zahl der Monate entsprechend waren sie auf zwölf Bücher berechnet, doch ist nur die erste Hälfte vollendet.

8 n. Chr. traf den Ovid die relegatio. Augustus verwies ihn aus uns unbekannten Gründen nach Tomi, einem unwirtlichen Städtchen am Pontus euxinus. Damit hebt die dritte Periode seiner Gedichte an, in welcher vorherrschend Klagelieder in elegischer Form entstanden sind, tristium l. V, von denen das erste Buch noch auf der Reise geschrieben ist, epistularum ex Ponto l. IV.

17. n. Chr. starb Ovid zu Tomi, 59 Jahre alt.

In trist. IV 10 hat er sein Leben selbst geschildert.

2. Die Prosa.

a) Die Geschichtsschreibung.

§ 18. C. Julius Cäsar,

geboren 100 im Monat Quinctilis, der deshalb später Julius genannt wurde, ermordet an den Iden des März 44. Durch Grammatiker und Lehrer der Redekunst erhielt er eine sehr sorgfältige Bildung. Bei seinem umfassenden Geiste zeichnete er sich in mehr als einer Hinsicht aus. Als Feldherr und Staatsmann gehört er der Weltgeschichte, als Schriftsteller der Litteraturgeschichte an.

Aber auch in seinen schriftstellerischen Leistungen war er sehr vielseitig. Nicht nur in seiner Jugend, sondern auch noch in späteren Jahren versuchte er sich in Gedichten. Welchen regen Anteil er an wissenschaftlichen Fragen nahm, beweist eine dem Cicero, dem Vollender der lateinischen Prosa, gewidmete Schrift grammatischen Inhaltes, sowie seine Behandlung astronomischer Fragen, die mit der Ordnung des Kalenderwesens zusammenhing. Seine hervorragende Beteiligung am Staatsleben gab ihm viel Veranlassung als Redner aufzutreten, und auch als solcher erntete er großen Ruhm. Von alledem, was er nach diesen Richtungen hin geschaffen hat, sind nur Bruchstücke auf uns gekommen.

Die erste der uns erhaltenen Schriften Cäsars sind seine geschichtlichen Denkwürdigkeiten des gallischen Krieges (commentarii de bello Gallico), den er selbst als Prokonsul des dies- und jenseitigen Galliens und Illyriens von 58 bis 50 geführt hat. Niedergeschrieben hat er diese Kommentare wahrscheinlich im Winter 52 zu 51 auf Grund seiner eigenen Erinnerungen, sowie seiner Berichte an den Senat und der Aufzeichnungen seiner Unterfeldherren. Doch hat er nur die ersten sieben Jahre (58—52) selbst behandelt, jedes in einem Buche.

Das achte Buch, die Ereignisse der Jahre 51 und 50 umfassend, wird dem Aulus Hirtius zugeschrieben, der dem Cäsar befreundet war und den Krieg in Gallien mitgemacht hatte.

Von den drei Büchern über den Bürgerkrieg (commentarii de bello civili) behandeln das erste und zweite die Ereignisse des Jahres 49, das dritte die des Jahres 48. Es scheint, daß Cäsar erst nach Besiegung der Pompejaner in Spanien (45) die Abfassung dieser Kommentare begonnen hat und an ihrer Fortsetzung durch den Tod verhindert worden ist.

An Cäsars Kommentare knüpfen an:
1. bellum Alexandrinum, das den Krieg vom Jahre 47 schildert,
2. bellum Africanum vom Kampfe mit Q. Metellus Scipio, M. Cato und dem Könige Juba im Jahre 46 und
3. bellum Hispaniense vom Krieg mit den Söhnen des Cn. Pompejus (45).

§ 19. C. Sallustius Crispus,

geboren 86 zu Amiternum im Sabinerlande. In seiner Jugend soll er ein ausschweifendes Leben geführt haben. Später that er sich als eifriger Anhänger des Cäsar hervor. 52 griff er als Volkstribun den Milo und dessen Verteidiger Cicero offen an. Wegen seiner Parteistellung, angeblich aber wegen Sittenlosigkeit aus dem Senate ausgestoßen, ging er in Cäsars Lager und beteiligte sich an den Feldzügen gegen die Pompejaner. Nachdem Cäsar nach Rom zurückgekehrt war, wurde er wieder in den Senat aufgenommen. Hierauf machte er das bellum Africanum mit und erhielt nach der Schlacht bei Thapsus (46) die Provinz Numidien als Prokonsul. Nach Rom zurückgekehrt, wurde er de repetundis angeklagt, durch Cäsars Einfluß aber freigesprochen. Sicherlich war er in den Besitz großer Reichtümer gelangt. Davon zeugen die berühmten horti Sallustiani und die domus Sallustiana, die später in den Besitz der Kaiser übergingen. Nach Cäsars Tod (44) zog er sich vom öffentlichen Leben zurück und widmete sich geschichtlichen Studien. 35 v. Chr. starb er.

Sallusts Schriften sind:
1. bellum Catilinae (63),
2. bellum Iugurthinum (111—105),
3. historiarum l. V, die römische Geschichte vom Tode Sullas (78) bis zur Machtentwicklung des Pompejus (67). Übrig sind davon nur einzelne Reden und Briefe.

§ 20. Cornelius Nepos,

geboren in Gallia citerior, Freund des Cicero, Catullus und Atticus, verbrachte die meiste Zeit seines Lebens zu Rom, ohne höhere Ämter zu bekleiden. Am bekanntesten ist sein Werk de viris illustribus. Wir besitzen davon noch das Buch de excellentibus ducibus exterarum gentium, 23 Lebensbeschreibungen enthaltend, außerdem die vitae des M. Cato und des T. Pomponius Atticus.

§ 21. T. Livius,

geboren 59 v. Chr. zu Patavium. Er siedelte bald nach Rom über. Wie alle vornehmen Römer dieser Zeit erhielt er eine philosophisch rhetorische Bildung, interessierte sich aber schon sehr frühzeitig für geschichtliche Studien. Trotz seiner Hinneigung zur republikanischen Partei stand er bei Augustus in hohem Ansehen. Er starb hochgeehrt 17 n. Chr. in seiner Vaterstadt.

Das Hauptwerk des Livius ist eine vollständige römische Staatsgeschichte, ab urbe condita l. CXXXXII, von der Gründung der Stadt bis zum Tode des Drusus (9 v. Chr.). Erhalten sind davon

Buch I—X (1. Dekade) von 754—293 (Sieg des Papirius Cursor über die Samniten bei Aquilonia),

Buch XXI—XXXXV (3., 4. und die halbe 5. Dekade) von

218—167 (vom Beginne des zweiten punischen Krieges bis zur Besiegung des Perseus durch Ämilius Paulus) und
größere Bruchstücke aus dem XCI. Buch über den Krieg mit Sertorius (76—75).

b) Die Beredsamkeit.

§ 22. Allgemeines.

Wie die Geschichtsschreibung, so ist auch die Beredsamkeit durch den Einfluß der Griechen in die Litteratur eingeführt worden. Vielfache Gelegenheit sich in derselben zu üben boten den Römern ihre staatlichen Einrichtungen, die Senatssitzungen und Volksversammlungen (genus deliberativum) und die Gerichtsverhandlungen (genus iudiciale). Darauf jedoch, daß und wie die Reden niedergeschrieben wurden, waren die Griechen von entscheidendem Einfluß. Das zeigt sich vor allem darin, daß jeder Römer, der sich durch die Beredsamkeit den Zugang zu den höheren Ämtern verschaffen wollte, griechische Grammatiker, Rhetoren und Philosophen zu Lehrern hatte. Doch ist es bei der engen Verbindung zwischen der Beredsamkeit und dem öffentlichen Leben der Römer nicht zu verwundern, daß sie in derselben von ihrer Eigenheit möglichst viel bewahrten.

Cicero ist für uns der einzige Vertreter der römischen Redner.

c) Die Philosophie und Rhetorik.

§ 23. Die Anfänge der Philosophie und Rhetorik in Rom.

Die Römer waren ihrer Beanlagung nach philosophischen Theorien abgeneigt. Sie wiesen sogar durch Senatsbeschlüsse griechische Philosophen und Rhetoren aus ihrer Stadt aus. Trotzdem verbreitete sich das Interesse an diesen Zweigen griechischer Bildung unter ihnen. Als 155 der Peripatetiker Kritolaos, der Stoiker Diogenes und der Akademiker Karneades als Abgesandte Athens nach Rom kamen, fanden ihre Vorträge viel Anklang. Namentlich der Umstand, daß vornehme Männer, wie der jüngere Scipio und Lälius, griechische Philosophen um sich hatten, brachte dieselben sehr in Aufnahme. Seitdem gehörte die Beschäftigung mit Philosophie ebenso zur Jugendbildung, wie das Studium der Rhetorik. Ja man ging nach Griechenland und Kleinasien, um die angesehensten Lehrer in diesen Fächern zu hören.

In der Philosophie haben die Römer selbst nichts Erhebliches geleistet. Mit rein theoretischen Untersuchungen haben sie sich wenig befaßt, sondern vorwiegend mit Ethik, Politik und der Frage nach dem Verhältnis zwischen Gott und Welt. Am meisten schlossen sie sich den damals blühenden Schulen, den Stoikern, Epikureern und Akademikern an. So haben sie eine Lebensweisheit ausgebildet, die durch ihre leicht verständliche Form von der größten Bedeutung für alle kommenden Zeiten gewesen ist.

Der Hauptvertreter dieser populären Philosophie sowie der Rhetorik ist Cicero.

M. Tullius Cicero.

α) Das Leben.

§ 24. Die Jugend. 1. bis 30. Lebensjahr. 106—77.

M. Tullius Cicero, 106 in der Municipalstadt Arpinum in Samnium geboren, dem Ritterstande angehörig. Zu seiner Ausbildung brachte ihn sein Vater mit seinem Bruder Quintus nach Rom. Dort gewannen der Redner L. Crassus, der ihn an griechische Lehrer wies, und der Dichter Archias Einfluß auf ihn.

Nachdem er im 16. Lebensjahre die toga virilis angelegt hatte, widmete er sich unter Anleitung der beiden Mucius Scävola, von denen der eine Augur, der andere Pontifex war, dem Studium der Jurisprudenz. Als homo novus wollte er sich durch den Beruf eines gerichtlichen Sachwalters den Zutritt zu den Staatsämtern verschaffen. Im 18. Lebensjahre nahm er als tiro am marsischen Kriege unter Cn. Pompejus teil. Dann wandte er sich dem Studium der Philosophie zu. Seine Lehrer waren der Epikureer Phädrus, der Akademiker Philo und der Stoiker Diodotus. Rhetorik trieb er unter Anleitung des Molo.

Erster schriftstellerischer Versuch de inventione l. II, unvollendet.

Die erste causa publica führte Cicero im 27. Lebensjahre (80), indem er den des Vatermordes angeklagten Sex. Roscius aus Ameria gegen einen Günstling des Sulla verteidigte.

Um seine angegriffene Gesundheit wieder herzustellen, verließ Cicero Rom auf zwei Jahre, ging zunächst nach Athen, wo er sich mit T. Pomponius Atticus aufs innigste befreundete, dann nach Asien, wo er sich in Rhodus (Rhetor Molo) länger aufhielt, überall mit philosophischen und rhetorischen Studien beschäftigt.

Nach Rom zurückgekehrt (77), verheiratete er sich mit Terentia. Sohn Marcus, Tochter Tullia.

§ 25. Die staatsmännische Thätigkeit. 31. bis 50. Lebensjahr. 76—57.

Cicero erlangte jedes Amt suo anno.

Im 31. Lebensjahre (76) wurde er Quästor und zeichnete sich 75 als solcher in Sicilien durch seine Rechtlichkeit und Uneigennützigkeit aus.

Fünf Jahre nach der Verwaltung der Quästur, 37 Jahre alt, wurde er aedilis curulis (70) und trat als Ankläger gegen C. Verres auf, der sich als Proprätor in Sicilien die ärgsten Erpressungen hatte zu Schulden kommen lassen.

Im 40. Lebensjahre (67) erlangte er die Prätur und hielt in dieser Stellung (66) seine erste Staatsrede, durch die er die Übertragung des Oberbefehls im mithridatischen Kriege an Pompejus durchsetzte.

Im 43. Lebensjahre (64) wurde er zum Konsul gewählt. Als solcher hielt er 63 die orationes consulares, zu denen die vier Reden gegen Catilina gehören.

Im Jahre 62 verteidigte er den P. Cornelius Sulla, welcher der Teilnahme an der Catilinarischen Verschwörung angeklagt war, und seinen Lehrer Archias, dem man vorwarf, er habe sich das römische Bürgerrecht angemaßt.

Ciceros politischer Einfluß war nach dem Abschluß des ersten Triumvirates (60) gebrochen. Im April 58 ging er auf Betrieb des Volkstribunen P. Clodius ins Exil (lex Clodia: ut qui civem Romanum indemnatum interemisset, ei aqua et igni interdiceretur). Im September 57 setzten die Volkstribunen T. Annius Milo und P. Sestius seine Rückberufung durch.

§ 26. Die schriftstellerische Thätigkeit. 51. bis 64. Lebensjahr. 56—43.

Nach Rom zurückgekehrt, sah sich Cicero im wesentlichen auf seine Thätigkeit als Redner beschränkt.

56 verteidigte er mit Erfolg den P. Sestius, der auf Anstiften des Clodius de vi angeklagt war.

55—52 erste Periode der wissenschaftlichen Schriftstellerei. In dieser entstanden nur Bücher rhetorischen und politischen Inhaltes.

52 verteidigte Cicero als Augur den T. Annius Milo nicht glücklich. Angeklagt war derselbe wegen der Tötung des Clodius. Von 51 bis 46 nahm ihn das Staatsleben wieder in Anspruch.

51—50 verwaltete er als Prokonsul in der rühmlichsten Weise Cilicien. Nach Rom zurückgekehrt, stand er im bellum civile

(49—48) auf der Seite des Cn. Pompejus, erlangte aber 47 von Cäsar Verzeihung.

Vor Cäsar hielt Cicero 46 die Rede für den Ligarius, in der er sich für den verbannten Pompejaner verwendete, 45 die Rede für den König Dejotarus, dem man einen Mordversuch auf Cäsar vorwarf.

Da Cicero seit 46 ohne Einfluß war, zog er sich vom öffentlichen Leben zurück, namentlich nachdem ihn der Tod seiner Tochter Tullia (45) in den tiefsten Schmerz versetzt hatte.

46—44 zweite Periode der wissenschaftlichen Schriftstellerei. In diese gehören außer einigen rhetorischen alle philosophischen Schriften.

Nach Cäsars Ermordung (44) wandte sich Cicero wieder dem Staatsleben zu. In M. Antonius glaubte er seinen Philipp gefunden zu haben. Gegen ihn hielt er die Philippischen Reden.

Im Dezember 43 wurde Cicero ermordet.

β) **Die Schriften.**

§ 27. **Die Reden.**

Ciceros Reden sind in den Jahren 81—43 entstanden. Er sprach nicht de scripto, sondern machte sich Entwürfe (commentarii) und schrieb die Reden erst nieder, nachdem sie gehalten waren. Es gab deren etwa 110; davon sind 57 erhalten, nicht alle vollständig. Die bemerkenswertesten sind folgende:

80 oratio pro Sex. Roscio Amerino.
70 actio in C. Verrem prima, allein wirklich gehalten.
    actionis in C. Verrem secundae 1. V.
66 oratio de imperio Cn. Pompei ad Quirites.
63 orationes in L. Catilinam IV.
    oratio pro L. Murena.
62 oratio pro P. Sulla.
    oratio pro A. Licinio Archia poeta.
56 oratio pro P. Sestio.
52 oratio pro T. Annio Milone.
46 oratio pro Q. Ligario.
45 oratio pro rege Deiotaro.
44—43 orationes in M. Antonium Philippicae XIV.

§ 28. **Die rhetorischen Schriften.**

Ciceros rhetorische Schriften gehören, abgesehen von der unreifen Jugendarbeit de inventione, der ersten und zweiten Periode

seiner wissenschaftlichen Schriftstellerei an. Er hat das Verdienst die Theorie der griechischen Rhetoren seiner Zeit, die sehr formaler und schematischer Art war, durch das Zurückgehen auf die größten Lehrer der Beredsamkeit, Aristoteles und Isokrates, vervollkommnet, von dem universalen Standpunkte aus, den er selbst mit der Zeit gewonnen hatte, erweitert und auf Grund seiner eigenen reifen Erfahrungen der Praxis näher gebracht zu haben. Die hauptsächlichsten hierher gehörigen Schriften sind:
1. aus der ersten Periode (55—52):
   55 de oratore l. III,
2. aus der zweiten Periode (46—44):
   46 Brutus de claris oratoribus,
   orator, das Ideal eines Redners.

§ 29. Die philosophischen Schriften.

Ciceros philosophische Schriften politischen Inhaltes gehören in die erste, die anderen alle in die zweite Periode seiner wissenschaftlichen Schriftstellerei. (Vgl. § 26.) Da sie praktische und allgemein interessierende Fragen behandeln und in leicht verständlicher Form geschrieben sind, haben sie einen großen Einfluß auf die philosophischen Studien der späteren Zeit ausgeübt und sind deshalb von kulturhistorischer Wichtigkeit. Im wesentlichen vertrat Cicero den Standpunkt der neueren Akademie (Philo, sein Lehrer), auf welche die Peripatetiker und Stoiker von Einfluß waren, und schrieb seine Bücher im Anschluß an griechische Vorlagen. Überdies hat er das große Verdienst die lateinische Sprache der Behandlung philosophischer Fragen dienstbar gemacht zu haben. Seine wichtigsten hierher gehörigen Schriften sind folgende:
1. aus der ersten Periode (55—52):
   54 de republica l. VI. Nur Bruchstücke sind davon erhalten. Das noch vorhandene somnium Scipionis bildete den Schluß des 6. Buches.
   52 de legibus l. III.
2. aus der zweiten Periode (46—44):
   45 consolationis liber, durch Tullias Tod veranlaßt, verloren gegangen.
   academica rechtfertigen den Probabilismus als Prinzip der Philosophie.
   de finibus bonorum et malorum l. V., über das größte Gut und das größte Übel.

44 Tusculanarum disputationum l. V.
de natura deorum l. III.
Cato maior de senectute.
Laelius de amicitia.
de officiis ad Marcum filium l. III.

§ 30. Die Briefe.

Ciceros Briefe beginnen mit dem Jahre 68 und reichen bis ans Ende seines Lebens. Nur aus dem Jahre 63 sind uns keine erhalten. Sie bringen uns seine Persönlichkeit und die Verhältnisse, in denen er lebte, am unmittelbarsten nahe und geben ein Bild der gebildeten Umgangssprache jener Zeit. Es giebt vier Sammlungen derselben:
1. epistularum ad Atticum l. XVI vom Jahre 68—44.
2. epistularum ad familiares l. XVI vom Jahr 62—43, im allgemeinen nach den Empfängern geordnet. In diese Sammlung sind auch gegen 100 Briefe anderer aufgenommen.
3. epistularum ad Quintum fratrem l. III vom Jahre 60—54.
4. epistularum ad M. Brutum l. II aus den Jahren 44 und 43.

IV. Das silberne Zeitalter.
Vom Tode des Augustus bis Marc Aurel.
(Von 14 bis 180 n. Chr.)

§ 31. Allgemeines.

Das silberne Zeitalter unterscheidet sich vom goldnen dadurch, daß an die Stelle des Mustergültigen das Individuelle, an die Stelle des Einfachen und Natürlichen (Stilvollen) das Gesuchte und Gekünstelte (Manierierte) tritt. Um der Darstellung neue Reize zu verleihen, nimmt man das Poetische in die Prosa auf und greift zum Altertümlichen zurück.

1. Die Poesie.

§ 32. Phädrus

wird als Freigelassener des Augustus bezeichnet. Er schrieb unter Tiberius und seinen Nachfolgern fabularum aesopiarum l. V.

§ 33. Die Satiriker.

A. Persius Flaccus, Anhänger der Stoiker, schrieb nach dem Vorbilde des Horaz ein Buch Satiren.

D. Junius Juvenalis, Altersgenosse des Tacitus, schrieb in der Zeit des Trajan 16 Satiren in 5 Büchern, welche die Sittenlosigkeit unter Domitian geißeln.

§ 34. M. Valerius Martialis

verfaßte unter Domitian 15 Bücher Epigramme; das 13. Buch führt den besonderen Titel Xenia. Er bringt die sittliche Fäulnis seiner Zeit zur Darstellung.

2. Die Prosa.

§ 35. P. Cornelius Tacitus,

etwa 54 n. Chr. geboren, gab sich in seiner Jugend mit großem Eifer dem Studium der Beredsamkeit hin. Im Zusammenhang damit entstand seine Erstlingsschrift, dialogus de oratoribus, welche de causis corruptae eloquentiae handelt.

Tacitus war mit einer Tochter des Julius Agricola verheiratet, der durch seine erfolgreichen Feldzüge in Britannien bekannt ist. Alle höheren Staatsämter hat er verwaltet. Unter der Tyrannenherrschaft des Domitianus lebte er in möglichster Zurückgezogenheit. Erst als mit der Regierung des Nerva eine glücklichere Zeit anbrach, trat er mit historischen Arbeiten hervor. Nicht lange nach 117 scheint er gestorben zu sein.

98 erschien de vita et moribus Iulii Agricolae liber, nicht nur ein Ehrendenkmal für des Tacitus Schwiegervater, sondern auch von Wichtigkeit für die Geschichte der damaligen Zeit und Britanniens.

Nicht lange darauf ist die Germania sive de situ ac populis Germaniae abgefaßt, die in ihrem allgemeinen Teile eine Schilderung der Zustände und Sitten in Deutschland, in ihrem besonderen eine Beschreibung der einzelnen Völkerschaften giebt.

Darauf folgten historiarum l. XIV, eine Geschichte seiner Zeit, die von Galba (69) bis zum Tode Domitians (96) ging. Wir besitzen von derselben die vier ersten Bücher vollständig und den Anfang des fünften; dieselben umfassen noch keine zwei Jahre (69 und 70).

Etwa 117 erschienen ab excessu divi Augusti l. XVI, auch annales genannt, vom Tode des Augustus (14) bis zum Tode des Nero (68). Erhalten sind davon Buch I—VI, die mit einer großen Lücke im V. und VI. Buch (29—31) die Geschichte des Tiberius (14—37) behandeln;

das Ende des XI. Buches, die Bücher XII—XV und der Anfang
des XVI. Buches, welche von der Regierung des Claudius und
des Nero (47—66) handeln.

§ 36. Curtius, Suetonius, Eutropius.

Q. Curtius Rufus ist wahrscheinlich älter als Tacitus;
er scheint in seinem Werke einmal auf den Regierungsantritt des
Kaisers Claudius Bezug zu nehmen. Es führt den Titel historiarum Alexandri Magni Macedonis l. X. Davon sind die zwei
ersten Bücher ganz verloren gegangen.

C. Suetonius Tranquillus, Geheimschreiber des Hadrian,
verfaßte XII vitae imperatorum, Biographien der Cäsaren von
Julius Cäsar bis Domitianus. Außerdem verdankt man ihm
mehrere Lebensbeschreibungen von Schriftstellern.

Eutropius, Geheimschreiber Konstantins des Großen, schrieb
ein breviarium ab urbe condita in 10 Büchern.

§ 37. L. Annäus Seneca,

bekannt als Lehrer des Nero, unter demselben zeitweilig sehr einfluß=
reich, aber wegen angeblicher Teilnahme an der Verschwörung des
Piso zum Selbstmord gezwungen (65), schrieb populär=philosophische
Schriften vom Standpunkte der Stoa aus (de clementia ad Nero-
nem Caesarem, de beneficiis) und Tragödien, von denen uns
noch acht erhalten sind.

§ 38. Die beiden Plinius.

C. Plinius Secundus major, der größte Gelehrte seiner
Zeit, der beim Ausbruch des Vesuv 79 den Tod fand. Von ihm
haben wir noch naturalis historiae l. XXXVII, eine Encyklopädie
der Naturwissenschaften mit Berücksichtigung der mit ihnen zu=
sammenhängenden Wissenschaften und Künste.

Sein Neffe C. Plinius Caecilius Secundus, Freund des
Tacitus, schrieb einen panegyricus auf Trajan und 10 Bücher Briefe.

§ 39. M. Fabius Quintilianus,

der berühmteste Lehrer der Beredsamkeit unter Domitian, verfaßte ein
vollständiges Lehrbuch der Rhetorik unter dem Titel de institutione
oratoria l. XII, in welchem er den Cicero als Vorbild hinstellt.

Zu Cäsar.

Das Kriegswesen.

§ 1. Das Heer.

Das Heer wird von Legionen zu 6000 Mann Normalstärke gebildet.

Die milites legionarii sind alle Fußsoldaten (pedites) und machen den Kern (robur) des Heeres aus. tertiani = tertia legio. Die legio hat 10 cohortes, die cohors 3 manipuli, der manipulus 2 centuriae, gewöhnlich ordines genannt.

Der erste Manipel wird als pilani (triarii), der zweite als principes, der dritte als hastati bezeichnet. Der Manipel der pilani heißt auch pilus.

Das Feldzeichen (signum) der Legion ist der Adler (aquila, der Träger aquilifer), das des Manipels das signum (signifer).

Nicht in den Legionsverband gehören:
1. equites, die Reiter. Dieselben werden eingeteilt in alae, die ala in turmae, die turma in decuriae.
2. fabri, die Genie- oder Arbeitstruppen, zur Anlage des Lagers, zum Brückenschlagen, zu Belagerungsarbeiten, zum Ausbessern der Waffen und zur Herstellung des schweren Geschützes (§ 9) verwendet.
3. calones, Trainsoldaten, Troßknechte. Sie beförderten das zu den einzelnen Truppenteilen gehörige schwere Gepäck (impedimenta).
4. die Musiker. tubicines, Signalbläser.

§ 2. Die Soldaten.

Die Soldaten sind
I. nach ihrer Bewaffnung
1. milites gravis armaturae, Schwerbewaffnete = milites legionarii, bestehend aus römischen Bürgern (seit Marius meist nur capite censi), zu denen seit 89 (lex Plautia) auch die socii Italici gehören. Cäsar hob Legionen auch in den Provinzen aus. Der Legionar erhält einen Sold (stipendium) von 10 asses (45 Pf.) täglich, von dem er die Ausgaben für die Lebensmittel zu bestreiten hat.
2. milites levis armaturae, Leichtbewaffnete = auxilia, auxiliares, Hilfstruppen, geworbene (besonders funditores, Schleuderer, sagittarii, Bogenschützen) oder in den Provinzen

ausgehobene ober von den Bundesgenossen gestellte Truppen, die nicht in den Legionsverband gehören, insbesondere die equites.

II. nach ihrer Dienstzeit, die sich vom 17. bis 45. Lebensjahre erstreckt, aber nach 20 Feldzügen für beendet gilt,
1. tirones, Rekruten (tirocinium), vor der Einreihung in die Legion,
2. milites, nachdem sie den Fahneneid (sacramentum) geschworen haben,
3. veterani,
4. evocati, Kapitulanten, ausgediente Leute, die vom regelmäßigen Dienst befreit sind und den Rang und Sold von Centurionen haben.

§ 3. Die Offiziere.

An der Spitze des Heeres steht der Feldherr, dux, der nach einer siegreichen Schlacht als imperator begrüßt wird. Dem siegreichen Feldherrn konnte vom Senate der triumphus bewilligt werden.

Die Leibgarde des Feldherrn ist die cohors praetoria, namentlich aus den evocati (§ 2. II. 4) bestehend. Dazu gehören auch die vornehmen jungen Römer, die unter ihm den Kriegsdienst lernen.

I. Die höheren Offiziere, dem Senatoren- oder Ritterstande angehörend und zum Kriegsrate (consilium) zugezogen. Sie hatten nie als gemeine Soldaten gedient.
1. legati, Generaladjutanten des Feldherrn, auch zur Führung einer Legion oder größerer Truppenkörper verwendet.
2. tribuni militum oder militares, sechs in jeder Legion, mit Verwaltungsgeschäften betraut, von Cäsar auch mit der Führung einzelner Truppenabteilungen beauftragt.
3. quaestor, der Generalintendant, besorgt die finanziellen Geschäfte (Sold, Verpflegung, Verteilung der Beute), führt auch manchmal eine Legion.

II. Die Unteroffiziere, centuriones, 60 in jeder Legion, jeder Führer einer Centurie, aus den Gemeinen hervorgegangen und nie in die oberen Stellen befördert.

Avancement von der 2. Centurie des 3. Manipels (hastati § 1) der 10. Cohorte (centurio decimus hastatus posterior) zur 1. Centurie des 1. Manipels (pilani § 1) der 1. Cohorte (centurio primi pili prior — primus pilus sive primipilus).

Die equites werden von den praefecti equitum, die fabri und calones vom praefectus fabrum geführt.

§ 4. Kleidung und Waffen.

Die Kleidung der Soldaten besteht im wesentlichen
1. aus tunica, Wollhemd ohne oder mit Ärmeln,
2. aus sagum, sagulum, wollenem Mantel, bis aus Knie reichend.

Der Fuß ist mit Halbstiefeln bekleidet.

Der dux trägt das paludamentum, den Feldherrnmantel, ist also paludatus.

Arma, Schutzwaffen. Von denselben sind die hauptsächlichsten
1. cassis, idis, eherner, galea, lederner Helm,
2. scutum, Schild, viereckig, gewölbt, $3/4$ m breit, $1\frac{1}{4}$ m lang, aus Holz, mit Kalbfell überzogen, mit einem Buckel von Eisenblech in der Mitte, am linken Arm getragen.

Außerdem hatte man Riemenpanzer (loricae) und Beinschienen, die bis ans Knie reichten, aber nur am rechten Fuß getragen wurden.

Tela, die Angriffswaffen, sind
1. gladius, das Schwert, $1/2$ m lang, zweischneidig, mehr zum Stoß als zum Hieb verwendet,
2. pilum, der Wurfspeer, 2 m lang mit hölzernem Schaft und biegsamer, eiserner Spitze.

§ 5. Das Gepäck.

Das Gepäck der einzelnen Soldaten (sarcĭnae), etwa 20 kg schwer (miles impeditus), besteht aus Getreide (cibaria) für $1/2$ Monat, Kochgeschirr, Korb, Spaten, Beil, Säge (vasa), was alles beim Marsch an einem Schanzpfahl (vallus) befestigt auf der rechten Schulter getragen wird, während die linke Hand das pilum hält, am linken Arm der Schild, über Brust oder Rücken der Helm hängt.

Das Gepäck der Legion (impedimenta) sind Handmühlen, Zelte, Kriegsmaschinen, Waffenvorräte. Es wird von den calones (§ 1) auf Lasttieren befördert.

§ 6. Das Heer in Marschordnung (agmen).

Der gewöhnliche Tagemarsch (iustum iter) beträgt 20 milia passuum (30 km).

Die Vorhut (primum agmen) bilden Reiter oder leichte Fußsoldaten.

Das Gros marschiert, je nachdem es weniger oder mehr vom Feinde bedroht ist, entweder

1. in einfacher Kolonne und zwar
    a) so, daß jede Legion ihr Gepäck hinter sich hat, oder
    b) so, daß das ganze Gepäck hinter dem Gros folgt, oder
2. in Schlachtordnung (acie instructa) ohne Gepäck.
 Die Nachhut (novissimum oder extremum agmen) besteht aus Reiterei und Leichtbewaffneten.

§ 7. Das Lager.

Ein Lager wird überall errichtet, wo ein römisches Heer übernachtet. Die Einquartierung in Städten findet nur ausnahmsweise statt.

Castra stativa, Standlager, ein Lager für längere Zeit, wird entsprechend der Zweiteilung des Jahres für die Kriegsführung in castra aestiva, Sommerlager, und castra hiberna, Winterlager, eingeteilt.

Der Platz für das Lager wird von Kriegstribunen und einigen Centurionen möglichst am Abhange eines Hügels in der Nähe von Wasser, Holz und Futter ausgesucht.

Die Form des Lagers ist gewöhnlich viereckig. An jeder Seite ist ein Thor.

Außenwerke: agger, Damm, vallum, Pallisadenwand, fossa, Graben, meist 4 m breit, 3 m tief.

Intervallum ist der freie Raum zwischen dem Wall und den Zelten.

Den Verkehr im Lager ermöglichen mehrere Straßen (viae).

Den vorderen, größeren Teil des Lagers haben in der Mitte die Legionssoldaten, an den beiden Seiten die Bundesgenossen inne. Sie wohnen im Sommer in ledernen Zelten (tentoria, pelles), im Winter in Baracken (casae).

Den hinteren, kleineren Teil nehmen der Feldherr, die oberen Offiziere, die cohors praetoria und die Hilfstruppen ein. In demselben liegt das praetorium, das Hauptquartier, neben ihm die Rednerbühne (tribunal, suggestus) mit dem Versammlungsplatze der Soldaten.

Vor den Thoren des Lagers stehen Abteilungen des Fußvolkes und der Reiterei auf Wache (in statione esse, excubare).

Die Nachtwachen (vigiliae) von abends 6 Uhr bis früh 6 Uhr zerfallen in vier gleiche Teile (vigilia prima-quarta).

§ 8. Die Schlacht.

In der Regel zieht das Heer vom Lager aus zur Schlacht. Das Lager dient zur Deckung und zur Aufbewahrung des Gepäcks.

Das erste Signal zur Schlacht wird durch das Aufhissen der Purpurfahne auf dem Feldherrnzelt und das Blasen der geraden, metallenen Trompete (tuba) gegeben.

Vor dem Lager ordnet der Feldherr das Heer zur Schlacht (aciem pro castris instruere). Häufig hält er eine Ansprache (cohortatio) an dasselbe.

Die gewöhnliche Schlachtordnung ist die acies triplex. Vier Cohorten jeder Legion bilden das erste (prima acies), drei das zweite (secunda acies), drei das dritte Treffen (tertia acies). Auf den beiden Flügeln der Legionssoldaten stehen die auxilia (ala, alarii), zu äußerst die Reiterei.

Auf ein zweites Signal beginnt der Vormarsch (signa inferre), anfangs im Schritt, in der Nähe des Feindes im Lauf (concursus) und unter lautem Geschrei (clamor). Man schleudert zuerst das Pilum und greift dann zum Schwerte.

Besondere Formen der Schlachtordnung sind
1. cuneus, der Keil, eine geschlossene Angriffskolonne,
2. orbis, das Karree, durch das man sich nach allen Seiten zu decken sucht.

§ 9. Die Belagerung.

I. Obsidio, die Blockade, Einschließung, geschieht durch die circumvallatio, die Umwallung, in welcher castella, Redouten, angebracht sind. Hinter derselben befinden sich die einschließenden Truppen in einzelnen Lagern. Das wesentliche Ziel derselben ist die Übergabe durch Abschneiden der Zufuhr zu erzwingen.

II. Oppugnatio, die Belagerung. Bei derselben werden angewendet:
1. agger, der aus Holz und Erde bestehende Damm, der gegen die Mauer des festen Platzes geführt wird,
2. turres, hölzerne Wandeltürme mit mehreren Stockwerken (tabulata), die auf Rollen oder Walzen an die Mauer gebracht werden. In den oberen Stockwerken sind die tormenta, das schwere Geschütz, das gegen die Verteidiger der Mauer gerichtet wird, nämlich
   a) catapultae, welche Pfeile in horizontaler Richtung werfen,
   b) ballistae, welche Balken und Steine im Bogen schleudern,
3. aries, der Sturmbock, ein starker Balken mit eisernem Widderkopf, mittels dessen man Bresche in die feindliche Mauer macht,
4. vineae (Weinlauben), hölzerne, durch Felle und nasse Säcke gegen Feuer geschützte, oben und seitlich gedeckte Laufhallen,

5. plutei, Frontschirme, auf Rollen vorgeschobene Schutzwände,
6. scalae, Sturmleitern zum Ersteigen der Mauern,
7. testudines, Schildbächer, durch die über den Köpfen und an den Außenseiten zusammengehaltenen Schilde gebildet.

Anhang.
Änderungen in der Kaiserzeit.

Der oberste Kriegsherr ist der imperator. Da unter seinen Auspicien alle Kriege geführt werden, so feiert bloß er die Siege durch Triumphe. Die Feldherren erhalten nur die insignia triumphalia. Der imperator ernennt die Offiziere.

Die cohortes praetoriae, jede zu 1000 Mann, anfangs 9, später mehr, erhalten ihr Standquartier in Rom. An ihrer Spitze steht erst ein praefectus praetorio, später zwei.

Außerdem stehen in Rom drei cohortes urbanae, Polizeisoldaten.

In den kaiserlichen Provinzen sind stehende Heere, an der Spitze eines jeden ein legatus. Das Lagerwesen überwacht ein praefectus castrorum.

Die Fußtruppen werden in Cohorten und Centurien eingeteilt, die Reiter in alae.

Die Veteranen werden zahlreicher bei der Truppe zurückgehalten, zu besonderen Abteilungen und Fähnchen (vexillum, vexillarii) vereinigt, etwa 600 Mann bei der Legion, die meist 6000 Mann zählt.

Der Julianische Kalender.

C. Julius Cäsar ließ 46 als pontifex maximus das Kalenderwesen durch den alexandrinischen Mathematiker Sosigenes ordnen. Derselbe richtete unter Zugrundelegung des ägyptischen Sonnenjahres zu 365¼ Tagen einen vierjährigen Cyklus ein, indem er 3 Jahre zu 365, 1 Jahr zu 366 Tagen rechnete. Diese Zeiteinteilung nahm am 1 Januar 45 ihren Anfang.

Die Monatsnamen entsprechen den unsrigen, nur kam in der Kaiserzeit für Quinctilis die Bezeichnung Julius, für Sextilis die Bezeichnung Augustus auf. Die von den Zahlen hergenommenen Namen, Quinctilis für den 7. bis Dezember für den 12. Monat, erklären sich dadurch, daß ursprünglich der Martius der erste Monat im römischen Jahre war.

Der Monat beginnt mit den Kalendae (daher das deutsche Lehnwort), dann folgen am 5. Tage (im März, Mai, Juli, Oktober am 7.) die Nonae, am 13. (in den genannten Monaten am 15.) die Idus (uum, f.). Alle übrigen Tage werden von den genannten drei aus rückwärts gerechnet und als Vortage bezeichnet, also der erste vor benselben durch pridie c. acc. (pridie Kalendas Ianuarias = 31. Dezember), die anderen in der Weise, daß man den terminus a quo und ad quem mitrechnet, durch ante diem c. acc. (ante diem quartum Nonas Ianuarias = 2. Januar).

Die Tage selbst werden eingeteilt
1. nach politischen Gesichtspunkten
   a) in dies fasti, an denen Gerichtssitzungen und Komitien gehalten werden dürfen, und
   b) in dies nefasti, an denen das öffentliche Leben ruht,
2. nach religiösen Gesichtspunkten
   a) in dies festi, Festtage, mit den dies nefasti zusammenfallend,
   b) in dies profesti, Werktage.

Zu Cicero.
Die höheren Magistrate.

§ 1. Die Einteilung und Reihenfolge der Magistrate.

Magistratus bezeichnet 1. das vom Volke übertragene obrigkeitliche Amt, welches als unbesoldetes Ehrenamt auch honor heißt, 2. den Inhaber desselben. Die Machtbefugnis der Magistrate ist potestas. Alle magistratus mit Ausnahme der Censur sind annui.

Man teilt die magistratus ein
1. in magistratus maiores, in den Centuriatkomitien gewählt: Konsuln, Prätoren (beide magistratus cum imperio, sofern ihnen militärische und richterliche Befugnisse zustanden und sie als solche Liktoren als insigne haben) und Censoren. Diese bilden nebst den curulischen Ädilen die magistratus curules; die Insignien derselben sind die sella curulis, ein viereckiger Klappstuhl ohne Rück- und Armlehne, und die toga praetexta, die weiße Toga mit dem Purpursaum.

2. in magistratus minores, in den Tributkomitien gewählt: die
Ädilen und Quästoren. Von diesen sind die Quästoren und
die plebejischen Ädilen nebst den Volkstribunen magistratus
non curules.

Nicht unter diese Einteilung fallen die in den Tributkomitien
gewählten Volkstribunen.

Der certus ordo magistratuum war: Quästur, wozu das 30.,
Prätur, wozu das 40., Konsulat, wozu das 43. Lebensjahr er=
forderlich war. Die übrigen Ämter, deren Verwaltung nicht not=
wendige Voraussetzung zur Erlangung der genannten war, folgten
in der Weise, daß das Tribunat und die Ädilität zwischen der
Quästur und Prätur, die Censur meist nach dem Konsulate lag.

§ 2. Die Quästur.

Die Quästoren, seit Sulla 20, führen die Verwaltung der
Staatskasse (aerarium), die im Tempel des Saturnus untergebracht
war, und haben alle Ein= und Auszahlungen zu überwachen.
Außerdem haben sie in demselben Tempel alle öffentlichen Urkunden
(Gesetze, Senatsbeschlüsse, die Listen der Censoren) aufzubewahren.

In den Provinzen lag ihnen außer den Kassengeschäften die
Vertretung der Feldherrn und Statthalter in militärischer und
richterlicher Thätigkeit ob.

§ 3. Das Tribunat.

Die Volkstribunen, 10 an der Zahl, waren Plebejer und
persönlich unverletzlich (sacrosancta potestas). Ihre Machtbefugnis
beschränkte sich auf die Stadt Rom und eine römische Meile im
Umkreis. Sie durften die Stadt nicht auf einen vollen Tag ver=
lassen. Sie hatten

1. das ius auxilii, das Recht gegen Verfügungen der Magistrate
   Einspruch zu erheben zu Gunsten eines jeden, der sie anrief.
   Mit diesem Recht hing ihre Strafgewalt (coercitio) zusammen,
   wonach sie Verhaftung, Pfändung, Geldbuße verfügen konnten;
2. das ius intercedendi, das Recht gegen Handlungen, Volks=
   und Senatsbeschlüsse Einspruch zu erheben (veto), ehe sie voll=
   zogen wurden;
3. das ius cum plebe agendi und cum senatu agendi, das
   Recht Versammlungen der plebs zu berufen und in denselben
   Beschlüsse mit Gesetzeskraft (plebiscita) herbeizuführen und An=
   klagen zu erheben, sowie den Senat zu berufen und in dem=
   selben zu sprechen.

§ 4. Die Ädilität.

2 plebejische und 2 kurulische Ädilen, die letzteren ursprünglich Patrizier, bald aber auch aus den Plebejern wählbar. Denselben lag ob
1. cura urbis, die Aufsicht über die Straßen und Plätze und über die öffentlichen Gebäude und Tempel;
2. cura annonae, die Überwachung des Handels mit Lebensmitteln, namentlich die Abgabe von Getreide und Öl zu ermäßigten Preisen. Auch der übrige Handelsverkehr war ihnen unterstellt;
3. cura ludorum, die Besorgung der meisten öffentlichen Spiele, namentlich der ludi Romani.

§ 5. Die Prätur.

Sulla ernannte 8, Cäsar zuletzt 16 Prätoren.

Jeder Prätor hat seinen abgegrenzten Amtskreis, der durch das Los bestimmt wird.

Der praetor urbanus ist der, qui inter cives ius dicit. Er hat 2 Liktoren. Ursprünglich kam ihm nur die Civiljurisdiktion zu, seit Einführung der quaestiones perpetuae (s. S. 88) auch die Kriminaljurisdiktion. Er hat auch die Konsuln zu vertreten.

Die übrigen Prätoren, qui inter cives et peregrinos oder qui inter peregrinos ius dicunt, heißen peregrini. Von ihnen funktioniert einer in Rom, die anderen in den Provinzen. Die letzteren haben 6 Liktoren; ihre Jurisdiktion ist unbeschränkt.

Nach Ablauf des Amtsjahres übernehmen sie als Proprätoren die Verwaltung einer Provinz mit vollem militärischem und richterlichem imperium.

§ 6. Das Konsulat.

Nach den beiden Konsuln, den höchsten Beamten der Republik, die am 1. Januar ihr Amt antreten, wird das Jahr bezeichnet. Einer von ihnen hat immer einen Monat lang die Amtsgewalt. Nach dem Tode oder Rücktritt des einen wird ein consul suffectus ernannt.

Dem Konsul gehen 12 Liktoren mit den fasces voran.

Imperium domi: Berufung und Leitung des Senats, der Centuriat- und Tributkomitien, Ausführung der Senats- und Volksbeschlüsse.

Das imperium militiae (Aushebung der Heere und Ernennung der Offiziere) ging seit Sulla im wesentlichen auf den

Senat über; doch blieb den Konsuln die Sorge für die öffentliche Sicherheit.

In Zeiten der größten inneren Gefahr wurde die Konsulargewalt durch das senatusconsultum ultimum erhöht: videant consules, ne quid res publica detrimenti capiat.

Nach Ablauf des Amtsjahres übernahmen sie als Prokonsuln die Verwaltung einer Provinz.

§ 7. Die Censur

galt wegen der mit ihr verbundenen weitgehenden Befugnisse als der Gipfel der republikanischen Ämter.

2 Censoren, die nur gemeinsam Amtshandlungen vornehmen konnten, wurden alle 5 Jahre meist aus den Konsularen zur Neukonstituierung des Volkes gewählt, hatten aber dieselbe binnen 1, höchstens binnen 1½ Jahren durchzuführen. Den Abschluß des Census bildete ein Sühnopfer, lustrum. Da sich dasselbe jedes 5. Jahr wiederholte, wurde lustrum gleichbedeutend mit quinquennium. Den Censoren lag ob

1. die **Schätzung** (census). Jeder Bürger hatte sich nach der Reihenfolge der Tribus auf dem Marsfelde einzufinden, Namen, Alter, Heimat, Familien- und Vermögensverhältnisse anzugeben.
2. das **Sittenrichteramt** (regimen morum). Hauptsächlich wurde festgestellt, wie der einzelne seine Pflicht gegen den Staat erfüllt hatte. Die Rüge (nota) bezog sich auf Pflichtversäumnis, Feigheit, Diebstahl, Luxus und hatte Ausstoßung aus dem Senate (senatu movere), aus dem Ritterstande (equum adimere), Versetzung in eine niedrigere Klasse zur Folge. Alles das galt nur für ein lustrum.

Auf Grund dieser Ermittlungen wurde 1. die Steuerliste, 2. die Aushebungsrolle festgesetzt.

3. die **Revision der Senatsliste** (lectio senatus). Die Censoren fertigten das Verzeichnis der Senatoren an, wobei sie die Ausgeschiedenen durch Aufnahme von gewesenen Magistraten ergänzten.
4. **Feststellung des Gemeindehaushaltes.** Dieselbe umfaßte die Verpachtung der Einnahmen aus den Ländereien und Steuern, die Verdingung der öffentlichen Arbeiten und Lieferungen, die Herstellung und Ausbesserung der öffentlichen Gebäude und Anlagen.

Senat und Volksversammlung.

I. Der Senat.

§ 1. Die Kompetenz des Senates.

Schon aus der Formel senatus populusque Romanus ergiebt sich die hohe Bedeutung des Senates als der Körperschaft, welche das souveräne Volk repräsentierte.

Dem Senate kam die Verwaltung des Staates, insbesondere die Oberaufsicht über das Staatseigentum und die Finanzen zu. Er hatte die Gesetze vorzubereiten. In seiner Hand lag die Leitung der auswärtigen Angelegenheiten; er hatte also wesentlichen Einfluß auf Krieg, Frieden und Bündnisse. Die Dispositionen für die Kriege gingen von ihm aus. Er führte die Verhandlungen mit den Gesandten der fremden Völker.

§ 2. Die Mitglieder des Senates.

Der Senat bestand aus 600 Mitgliedern, von denen freilich sehr selten 400, meist weniger erschienen. Er wurde gebildet aus den gewesenen höheren Magistraten. Erforderlich war also zur aetas senatoria das 30. Jahr, außerdem mußte man den Rittercensus (400000 HS) haben.

Die Senatoren trugen die tunica laticlavia.

Die Listen derselben wurden von den Censoren aufgestellt und dabei namentlich die Rangordnung bestimmt. Der an erster Stelle Stehende hieß princeps senatus.

Angeredet wurden die Senatoren mit patres (patrizische Senatoren) conscripti (die in der Liste mit den patrizischen Senatoren zusammengeschriebenen plebejischen).

An den Verhandlungen des Senates nahmen die Magistrate des laufenden Jahres teil, quibus in senatu sententiam dicere licebat. Der Abstimmung hatten sie sich zu enthalten.

§ 3. Berufung, Ort und Zeit der Senatssitzungen.

Den Senat zu berufen (senatum vocare, cogere) und zu halten (habere) war Sache der Konsuln und in deren Auftrage oder Vertretung der Prätoren und Tribunen.

Die Berufung geschah durch einen Herold (praeco) oder durch ein Edikt.

Versammlungsort war ein von den Augurn geweihter Platz, templum, der Tempel des Juppiter Capitolinus oder Stator, der Concordia u. a., meist aber die curia Hostilia.

Gültige Beschlüsse konnten nur gefaßt werden nach Sonnenaufgang und vor Sonnenuntergang.

§ 4. Verlauf einer Senatssitzung.

Vor dem Beginn der Sitzung schlachtete der berufende Magistrat in seinem Hause ein Opfertier und stellte Auspizien an.

Eröffnet wurde die Sitzung mit einem Berichte (relatio) des Vorsitzenden über den Anlaß derselben, der mit der Formel anhob: quod bonum, faustum, felix fortunatumque sit populo Romano Quiritium.

War eine sofortige Abstimmung unthunlich, so fragte der Vorsitzende nach der festgesetzten Rangordnung. die Senatoren nach ihrer Meinung (sententiam rogare).

Der Gefragte konnte sitzend sein Votum abgeben (verbo assentiri) oder man trat in Gruppen zusammen (pedibus in sententiam ire), deren Größe einen Schluß auf das Resultat der Abstimmung erlaubte.

Der Gefragte konnte sich aber auch erheben und von seinem Platze aus ein motiviertes Gutachten abgeben (sententiam dicere), wobei es ihm frei stand über den Gegenstand der Tagesordnung hinauszugehen (egredi relationem). Dadurch war der Entwicklung der beliberativen Beredsamkeit Raum gegeben.

Der Vorsitzende konnte die Umfrage jederzeit durch eine Aussprache seinerseits unterbrechen.

Nach beendigter Umfrage ließ der Vorsitzende durch discessio über die geäußerten Vota abstimmen. Des Ergebnis dieser Abstimmung war das senatus consultum.

Hierauf entließ er den Senat (senatum mittere).

Senatsreden, die nachträglich schriftlich ausgearbeitet worden sind, sind die erste und vierte Catilinarische und die erste Philippische Rede des Cicero.

II. Die Volksversammlung.

§ 5. Die hauptsächlichsten Arten der Volksversammlung.

Contio war eine Versammlung, in welcher das Volk ungeordnet herumstand und Abstimmungen nicht stattfanden.

Versammlungen, in welchen man Anträge stellte und Beschlüsse faßte, waren die comitia. In denselben trat das Volk in Abteilungen gegliedert auf und zwar in den comitiis tributis in 35 Tribus, in den comitiis centuriatis in 373 Centurien. Auch in den Komitien stand das Volk.

Die comitia curiata hatten zu Ciceros Zeit keine politische Bedeutung mehr.

§ 6. Contio.

Alle Magistrate haben das ius contionem habendi.

Die Berufung der contio geschah durch Herolde (praecones). Abgehalten wurde sie auf einem größeren Platze, namentlich auf dem forum.

Der Magistrat, der sie einberufen hatte und leitete, eröffnete sie mit einem Gebete und machte dann Mitteilungen über den Gegenstand, der sie veranlaßt hatte.

Die Anwesenden hatten das Recht zu sprechen und Beifall und Mißfallen zu äußern.

In solchen Kontionen wurde häufig das Volk zu den Komitien vorbereitet. Den richtenden Komitien mußten drei Kontionen vorausgehen.

Reden in Kontionen — sie hießen auch contiones — sind Ciceros zweite und dritte Catilinarische Rede.

§ 7. Die comitia tributa,

von höheren Magistraten berufen und geleitet, hatten über Gesetzesvorschläge zu entscheiden und die niederen Magistrate zu wählen.

Vor den Komitien wurden Auspizien angestellt.

Der Versammlungsort war gewöhnlich das forum, die Rednerbühne die rostra.

Der vorsitzende Magistrat befahl durch einen Herold dem Volke zur Versammlung zusammenzutreten. Dann sprach er über den Zweck derselben und legte einen Antrag (rogatio) vor. Über denselben hatte jeder das Recht zu sprechen.

Die Abstimmung erfolgte nach Tribus. Dazu wurden Täfelchen (tesserae, tabellae) verteilt. Bei Wahlkomitien schrieb man auf dieselben den Namen des Kandidaten. Bei gesetzgebenden Komitien erhielt man zwei Täfelchen; auf dem einen stand U R (= uti rogas), auf dem andern A (= antiquo). Diese wurden in einen Korb gethan (suffragium ferre) und dann ausgezählt. Das Resultat ließ der Vorsitzende durch den praeco verkündigen.

Ciceros Rede de imperio Cn. Pompei ist vor der Abstimmung über ein Gesetz gehalten.

§ 8. Die comitia centuriata

behielten bis zum Ende der Republik ihre Bedeutung für die Wahlen der höheren Magistrate, verloren aber ihre Wichtigkeit für die Gesetzgebung und die Entscheidung über Krieg, Frieden und Bündnisse, weil sie in dieser Beziehung vom Senate abhängig waren.

Sie versammelten sich auf dem campus Martius, wurden von den höheren Magistraten geleitet und hatten einen ähnlichen Verlauf wie die comitia tributa.

Das Gerichtswesen.

§ 1. Die Einteilung der Gerichte.

Man unterscheidet Privat= oder Civilrecht (ius privatum) und öffentliches Recht (ius publicum), zu dem auch das Kriminalrecht gehört. Das erstere bezieht sich auf einzelne Personen und ihre Interessen, das letztere auf das Ganze, den Staat, und seine Interessen. Auf diese Zweiteilung des Rechtes gründet sich die Verschiedenheit der Gerichte.

Die Privatsachen wurden in den iudiciis privatis behandelt.

Fast alle öffentlichen Sachen wurden zu Ciceros Zeit an die quaestiones perpetuae gewiesen, z. B. die Anklagen repetundarum, maiestatis, ambitus, inter sicarios, de vi. Die Volksgerichte (comitia centuriata und tributa), welche dieselben vorher hatten, bestanden nur für wenige Fälle noch fort.

Außerdem konnten für alle besonders gearteten Fälle außerordentliche Gerichte eingesetzt werden. So wurde von Pompejus eine quaestio de caede Clodii veranstaltet, in welcher Cicero die Rede pro Milone hielt.

Die Gerichtsreden des Cicero sind fast alle in den quaestionibus perpetuis gehalten worden.

Die quaestiones perpetuae.

§ 2. Die Behörde.

Die Leitung der quaestiones perpetuae hatten die Prätoren außer dem praetor urbanus und peregrinus. Reichten sie nicht aus, so wurde ein iudex quaestionis gewählt, der nicht magistratus war.

Selbstverständlich konnte auch der Diktator als solcher den Vorsitz führen. So Cäsar in der Sache des Ligarius und Dejotarus.

§ 3. Der Richter.

Der praetor urbanus fertigte, nachdem er den Amtseid geleistet hatte, die Geschworenenliste (album iudicum) an. Die

Richter wurden gewöhnlich aus den Senatoren, Rittern und Ärartribunen genommen.

Diese Richter wurden in verschiedene Abteilungen (consilia iudicum) verteilt. Eine von denselben wurde vom praetor urbanus jeder quaestio durchs Los zugewiesen.

Von den Richtern konnten die Parteien einzelne ablehnen (reiectio iudicum).

Die Zahl der Richter war in den verschiedenen Prozessen verschieden.

§ 4. Das Verfahren.

Der Ankläger bat den Prätor um Zulassung der Klage (postulatio).

Traten noch andere mit demselben Verlangen auf, so war die Vorentscheidung nötig, wem die Anklage zu übertragen sei. Dieses Verfahren hieß divinatio.

Lag ein gesetzliches Hindernis nicht mehr vor, so brachte der Kläger in Gegenwart des Angeklagten die Klage an (nominis delatio), der Vorsitzende trug beide in die Liste der rei ein (nominis receptio).

Am festgesetzten Termine fand die Untersuchung vor dem Richter (cognitio) statt. Wer ausblieb, wurde in contumaciam verurteilt.

Erschienen beide Parteien, so wurde das consilium iudicum eingesetzt und vereidigt.

Anklage und Verteidigung erfolgten in zusammenhängender Rede (oratio perpetua). Für den Ankläger sprachen oft noch die subscriptores, d. h. die, welche die Anklage mit unterschrieben hatten, für den Angeklagten die patroni.

Hieran schlossen sich kurze Fragen und Antworten der Parteien (altercatio) und das Beweisverfahren (probatio), in welchem Geständnisse, Zeugenaussagen, Urkunden vorgebracht wurden.

Das Urteil (sententia iudicum) wurde auf Täfelchen (tabellae) abgegeben. A bedeutete absolvo, C condemno, N L non liquet.

Die Stadt Rom.

§ 1. Die sieben Hügel.

Die Siebenhügelstadt lag am linken Tiberufer, 25 km vom Meere entfernt.

1. Der mons Capitolinus war durch eine eingefriedigte Ein-

sattelung, die als asylum diente, in zwei Teile geteilt. Auf der nördlichen Kuppe, der arx, lag der Tempel der Juno Moneta und das auguraculum, der freie Platz, auf dem die Auguren die Auspicien anstellten, auf der südlichen, dem Capitolium, der Tempel des Juppiter Capitolinus. Nach dem Tiber zu lag das saxum Tarpeium.

2. Auf dem mons Palatinus fand die erste Ansiedlung statt. Dort waren die ältesten Heiligtümer, das Lupercal, eine dem Lupercus geweihte Grotte, in der die Wölfin Romulus und Remus gesäugt haben soll, und der Tempel des Juppiter Stator, in dem Cicero die erste Catilinarische Rede hielt. Auf diesem Berge errichteten in den späteren Zeiten der Republik die Patricier ihre Prachtbauten, dann die Kaiser ihre Paläste. Augustus baute dort nach der Schlacht bei Actium den Tempel des Apollo, mit dem zwei Bibliotheken verbunden waren.

3. Südwestlich davon lag der mons Aventinus, der vorzugsweise von Plebejern besiedelt war.

4. Der östlich davon liegende mons Caelius war meist von Vornehmen, insbesondere von den luceres bewohnt.

5. Der nördlich vom Caelius gelegene mons Esquilinus war lange Zeit die Begräbnisstätte für das niedere Volk. Mäcenas errichtete dort seinen Palast und legte einen Park (horti Maecenatis) an.

6. Nordwestlich davon lag der wenig bewohnte collis Viminalis und

7. der collis Quirinalis, auf dem die Ansiedlung der Sabiner stattgefunden hatte.

Erst später wurde der nördlich davon gelegene mons Pincius, an dem außer anderen Parkanlagen auch die horti Sallustiani waren, in die Stadt einbezogen.

Westlich vom Palatinus führte die älteste Brücke pons sublicius nach dem rechten Tiberufer, auf dem der mons Ianiculus mit dem horti Caesaris lag.

§ 2. Das Forum.

In der durch die cloaca maxima entwässerten Thalniederung zwischen dem Capitolinus und der Velia, einem Ausläufer des Palatinus, lag der Mittelpunkt des öffentlichen Lebens, das forum (Romanum erst seit der Anlage der fora Caesarum genannt), ein unregelmäßiges Viereck, ca. 200 m lang, 30—60 m breit, das nicht nur dem Marktverkehr, sondern auch den Volksversammlungen und Gerichtsverhandlungen diente. Die Prachtbauten, von denen es umgeben war, stammen meist aus der Kaiserzeit.

Auf der westlichen Schmalseite lag die Rednerbühne, von den Schiffsschnäbeln, mit denen sie geziert war, rostra genannt. Dahinter war der Meilenstein (miliarium aureum), von dem aus die Entfernungen der Heerstraßen gemessen wurden. Weiter zurück lag nördlich der Tempel der Concordia, in dem Cicero die vierte Catilinarische Rede hielt, und nahe daran der carcer mit dem unterirdischen Tullianum und den scalae Gemoniae.

Die südliche Langseite bildete die von Cäsar erbaute basilica Iulia, für den Handelsverkehr und die Gerichtssitzungen bestimmt, und der Tempel des Castor und Pollux. An der Vorderseite dieser Gebäude vorbei führte die sacra via nach dem später Colosseum genannten amphitheatrum Flavium.

Auf der östlichen Schmalseite lag unter anderem der heilige Bezirk der Vesta mit dem Wohnhaus der Vestalinnen und die regia, das Amtslokal des pontifex maximus.

An der nördlichen Langseite lag die curia Hostilia, der Sitz des Senates, und in deren Nähe der Janustempel. Vor der Curia war das comitium, der Ort der Volksversammlungen.

Nördlich grenzten an das alte forum die fora Caesarum, großartige Anlagen, die großartigste das forum Traiani mit der Trajanssäule.

§ 3. Campus Martius und Circus maximus.

Die Ebene zwischen dem Tiber, dem Capitolinus, Quirinalis und Pincius hieß campus Martius. Auf ihm wurden nicht nur Versammlungen, sondern auch gymnastische und kriegerische Übungen abgehalten. Auf dem südlichen Teile lag der circus Flaminius und in dessen Nähe der Tempel der Bellona. In diesem begrüßte der Senat die aus dem Kriege zurückkehrenden Feldherrn und hörte die Gesandten an, die die Stadt nicht betreten durften. Nahe dabei befanden sich die saepta, ein umfriedigter Raum, in dem die Comitien abstimmten. Pompejus erbaute dort das erste steinerne Theater, mit dem die curia Pompei, ein durch die Ermordung Cäsars bekannter Sitzungssaal des Senates, verbunden war. Nördlich davon lag das von Agrippa erbaute Pantheon, am weitesten nördlich das mausoleum, die Begräbnisstätte des Augustus und seiner Familie. Weitere Prachtbauten wurden in der Kaiserzeit hinzugefügt.

In dem Thal zwischen Palatinus und Aventinus erstreckte

sich der alte, von Cäsar neu erbaute circus maximus in einer Länge von etwa 600 m und in einer Breite von etwa 100 m. In der Mitte dieser Rennbahn war eine niedrige Mauer, an deren Enden die Ziele in Gestalt von drei Säulen (metae) standen. Eingefaßt wurde sie von terrassenförmig aufsteigenden Sitzreihen für 150000 Zuschauer.

§ 4. Die 14 Regionen.

Augustus teilte die Stadt in 14 Regionen, die mit der Zeit nach den bedeutendsten Örtlichkeiten oder Bauten benannt wurden. 1. Porta Capena mit der zunächst nach Capua, dann nach Brundisium führenden via Appia, an der berühmte Grabmäler lagen, 2. Caelimontium, 3. Isis et Serapis, nach dem Heiligtume der beiden Gottheiten benannt, 4. templum Pacis, von Vespasian erbaut, 5. Esquiliae, 6. alta semita mit den castra praetoria, 7. via lata, deren Fortsetzung die via Flaminia ist, 8. forum Romanum, 9. circus Flaminius, 10. Palatium, 11. circus maximus, 12. piscina publica mit den Thermen des Caracalla, 13. Aventinus, 14. Trans Tiberim, das Ianiculum und den mons Vaticanus umfassend.

Anhang.

Metrologisches.

§ 1. Die Längenmaße.

Δάκτυλος, digitus, die Fingerbreite . . . . . . = 2 cm
πούς, pes, der Fuß . . . . . = 16 δάκτυλοι = 31 =
πῆχυς, cubitus, die Elle . . . . = 1½ πόδες = 36 = [1])
passus, βῆμα διπλοῦν, b. Doppelschritt = 5 = = 1,54 m[2])
ὀργυιά, die Klafter . . . . . . = 6 = = 1,85 = [3])
πλέθρον . . . . = 100 = = 31 = [4])
στάδιον . . . . = 600 = =185 = [5])
mille passus . = 8 στάδια . . . =5000 = = 1,48 km
40 στάδια . . = 5 milia passuum . . . . . . =1 geogr.M.

Anmerkung. Der persische παρασάγγης ist gleich 30 στάδια.[6])

§ 2. Die Flächenmaße.

Πλέθρον = 0,095 ha.
iugerum = ¼ ha[7]).

§ 3. Die Hohlmaße

1. für Flüssiges:
    κύαθος, cyathus . . . . . . ½ dci
    κοτύλη . . . . ¼ l
    sextarius, ξέστης = 12 cyathi . ½ =
    amphora . . = 48 sextarii . 26 =
    μετρητής . . = 72 = . 39 =

---

1) Die Länge von der Spitze des Ellenbogens bis zur Spitze des Mittelfingers.
2) Die Einheit des römischen Wegemaßes.
3) Der Raum zwischen den Spitzen der nach beiden Seiten ausgestreckten Arme.
4) Die Länge der Furche, die der Pflugstier in einem Antrieb ziehen kann.
5) Die Entfernung der Rennbahn zwischen Ablauf und Endziel.
6) Der Stundenweg eines rüstigen Fußgängers.
7) iugerum bezeichnet soviel Land, als ein Joch Ochsen an einem Tage umpflügen kann.

2. für Trockenes:

cyathus	. . . . .	½ dcl
κοτύλη	. . . . .	¼ l
sextarius = 12 cyathi		½ =
χοῖνιξ . = 2 sextarii	1	= [1])
modius . = 16 =	9	=
μέδιμνος = 96 =	52½	= [2])

§ 4. Die Gewichte.

Ὀβολός	. . . . . .	0,73 g
δραχμή . = 6 ὀβολοί		4,36 =
μνᾶ . . = 100 δραχμαί		436 =
τάλαντον = 60 μναῖ	.	26,20 kg[3])
scripulum	. . . . .	1,14 g
uncia . . = 24 scripula		27,3 =
as, libra . = 12 unciae		327 =

§ 5. Die Münzen.

I. Die attischen Münzen.

1. Kupfermünze:
   χαλκοῦς . . . . . . 1½ Pf.
2. Silbermünze (in Griechenland immer das Courant):
   ὀβολός . . . . . . 13 Pf.
   δραχμή = 6 ὀβολοί . 75 =
   μνᾶ . = 100 δραχμαί 75 Mk.
   τάλαντον = 60 μναῖ . 4500 =
3. Goldmünzen:
   στατήρ . . . . 20 Mk.
   δαρεικός . . . . 20 =

II. Die römischen Münzen.

Von den Decemvirn bis kurz vor dem Anfang des ersten punischen Krieges (268) herrscht die Kupferwährung:
   uncia . . . . 2 Pf.
   as libralis . . . . 20 =

---

1) χοῖνιξ ist das Maß Weizen, das ein Mensch zur täglichen Nahrung braucht.
2) μέδιμνος ist das Maß Getreide, das ein Mann auf seinen Schultern tragen kann.
3) τάλαντον heißt 1. die Wage, 2. das auf die Wage Gehobene, die Last.

Kurz vor dem Anfang des ersten punischen Krieges (268) ging man von der Kupfer- zur Silberwährung über, zur Zeit des Augustus (30) von der Silber- zur Goldwährung. In dieser Zeit ist an die Stelle des libralen As als Rechnungsmünze der sestertius nummus, auch schlechthin nummus genannt, getreten. Der Wert desselben schwankt zwischen 18 und 21 Pf. Man kann ihn also durchschnittlich gleich 20 Pf. setzen und eine Summe Sesterze dadurch in Mark verwandeln, daß man sie mit 5 dividiert.
1000000 HS : 5 = 200000 Mk.

sestertius	20 Pf.	Münzzeichen IIS, später HS,
quinarius = 2 sestertii .	40 =	= V,
denarius = 4 = .	80 =	= X.

Neben den Silbermünzen blieben anfangs die Kupferasse als Wertgeld im Umlauf, indem man auf den Sesterz 2½ und auf den Denar 10 Kupferasse rechnete. Später werden die Asse immer leichter ausgeprägt und dadurch zur Scheidemünze herabgedrückt. Seit dem zweiten punischen Krieg gingen 4 Asse auf den Sesterz, 16 auf den Denar; der Wert des Asses war somit auf etwa 5 Pf. herabgesunken.

Bis 1000 werden die Sesterze einfach gezählt: mille, nongenti, quinquaginta sestertii.

Bei den Mehrfachen von 1000 wird sestertius, sestertius nummus oder nummus im Genitiv hinzugesetzt (quinque milia sestertium oder nummum) oder das Adjektiv sestertius tritt appositiv zu milia, wobei milia bisweilen ausgelassen wird (sescenta [milia] sestertia).

Eine Million Sesterze heißt vollständig decies centena milia sestertium, gewöhnlich aber decies sestertium, wobei sestertium nicht mehr für den Genitiv, sondern für ein sächliches Substantiv im Singular angesehen wird. Entsprechend werden höhere Summen durch Zahladverbia und das substantivische sestertium bezeichnet. Eine Million Sesterze (während der Republik 175400 Mk., in der Kaiserzeit 217500 Mk.) gilt dann bei den Römern als große Rechnungsmünze, wie bei den Griechen das Talent.

Register.

A — absolvo 89, — antiquo 87.
acies, acies triplex 79.
agger 78, 79.
Agias 3.
agmen, agmen primum, novissimum 77, 78.
ἀγορά 49.
ἀγὼν ἀτίμητος, τιμητός 51.
ἀγωνίζεσθαι 9.
Abilität 83.
Ἀλαίη 37.
Aibes 36, 48.
Aigis 37.
αἴθουσα αὐλῆς, δόμου 28, 29.
Aischines 19.
Aischylos 9.
Aisopos 22.
αἰχμή 35.
Akademie 28, 54.
ἀκοντισταί 34, 46.
ἀκόντιον 48.
Akropolis 53.
ala 75, 79, 80.
ἀλαλά 49.
ἀλαλητός 35.
alarii 79.
album iudicum 88.
ἄλεισον 30.
Alexandreia 20.
Alkaios 7.
altercatio 89.
ἅμαξα 31.

ἀμβροσίη 36.
ἀμφικύπελλον 30.
amphitheatrum Flavium 91.
Amphitrite 43.
amphora 98.
Anakreon 7.
ἄναξ 36.
Anaxagoras 24.
Andokides 17.
ἀνερύειν τὰ ἱστία 33.
annales maximi 59.
ἀντιγραφή 51.
Antiphon 17.
ἄντυξ 31.
ἀντωμοσία 51.
ἀξίνη 35.
ἄξων 31.
ἀοιδός 1.
ἄορ 35.
ἀπήνη 31.
Aphrobite 41.
Apollon 38.
aquila, aquilifer 75.
Archias 69, 70.
Archilochos 7.
Archytas 23.
ἄρχων βασιλεύς, πολέμαρχος 49.
Ares 40.
Areopag 54.
aries 79.
Arion 8.
ἄριστον 30, 48.
Aristophanes 11.

Aristoteles 26.
Arktinos 3.
arma 77.
Arrianos 22.
Artemis 39.
arx 90.
as, as libralis 94.
ἀσπίς 34, 47.
ἀσπισταί 34.
asylum 90.
Atellanae fabulae 57.
Athene 39, 54.
ἀτιμία 51.
Atlas 37.
auguraculum 90.
αὔλεια θύρη 28.
αὐλή 28.
auxilia, auxiliares 75, 79.
Aventinus 90.

Ballistae 79.
βάραθρον 54.
basilica Iulia 91.
βέλος 35, 48.
βῆμα 52, βῆμα διπλοῦν 93.
Bibliotheken 90.
βιός 35.
βουλή 35, 52.
βουλευτήριον 54.

C — condemno 89.
Caelius 90.
Cäsar 64.
calculus Minervae 51.

calones 75, 76, 77.
campus Martius 91.
cantica 57.
Capitolinus 89.
carcer 91.
carmen fratrum Arvalium, Saliare 56.
carmina Fescennina 56.
casae 78.
cassis 77.
castella 79.
castra aestiva, hiberna, stativa 78.
catapultae 79.
Cato, M. Porcius 60.
Catullus 60.
Censur 84.
centuria 75.
centurio 76.
χαλινός 32.
χαλκοῦς 94.
Χάριτες 38, 40, 41.
χερμάδιον 35.
χιτών 30.
χλαῖνα 30.
χοῖνιξ 94.
Choirilos 8.
χορευτής 44.
χορηγός 44.
χοροδιδάσκαλος 44.
Chrysippos 27.
cibaria 77.
circumvallatio 79.
circus maximus, Flaminius 91.
clamor 79.
cloaca maxima 90.
coercitio 82.
cognitio 89.
cohors 75, cohors praetoria 76, 78, 80, cohortes urbanae 80.
cohortatio 79.
colosseum 91.
comitia 86.

comitium 91.
commentarii 70.
concursus 79.
consilium 76, consilia iudicum 89.
Consulat 83.
contio 86.
Cornelius Nepos 66.
cubitus 93.
cuneus 79.
curia Hostilia 91.
curia Pompei 91.
Curtius Rufus 74.
cyathus 93, 94.

δάκτυλος 93.
δάπεδον 29.
δαρεικός 94.
decuria 75.
Δεῖμος 40.
Deinarchos 19.
δεῖπνον 30, 48.
Demeter 43.
δέμνια 30.
Demokritos 24.
Demosthenes 18.
denarius 95.
δέπας 30.
δέρματα 31.
dies fasti, festi, nefasti, profesti 81.
digitus 93.
δικαστήριον 50, 51.
δίκη 49.
Diogenes von Sinope 26.
Diogenes der Stoiker 67.
Dionysien 44.
Dionysos 43.
διπλῆ, δίπλαξ χλαῖνα 30.
δίφρος 30, 31, 34.
διθύραμβοι 8.
diverbia 57.
divinatio 89.
διώκων 50.
διωμοσία 51.

δῶμα, δόμος 29.
δόρπον 30.
δόρυ 35, 47.
δουροδόκαι 29.
δραχμή 94.
δρύοχοι 32.
dux 76.

Ἐγκώμια 8.
ἐγχείη, ἔγχος 35.
Eibothee 43.
εἰδύλλια 20.
Eileithyiai 38.
ἐκκλησία 52.
Eleaten 15, 23.
Elegie 6.
ἐλελεῦ 49.
Empedokles 24.
Ennius 58.
Enyo 40.
ἐνωμοτία 47.
ἐνώπια παμφανόωντα 28, 29.
ἔξοδος 10.
Eos 37.
ἐπεισόδια 10.
ἐπικέλλειν 33.
Epigramm 6.
Epikuros 28.
ἐπίκριον 32.
ἐπινίκια 8.
ἐπιστάτης 52, 53.
ἐπιτάφιος λόγος 16.
ἐπίτιμος 50, 52.
ἐπίτονοι 32.
ἔπος 2.
equites 75, 76.
Erechtheion 54.
ἐρετμόν 33.
Erinyen 87, 44.
Eris 40.
Esquilinus 90.
ἐσχάρα 29.
εὐνή 30.
εὐναί 33.

Wohlrab, die altklass. Realien im Gymn. 4. Aufl. 7

Euripides 10.
Eurynome 41.
Eutropius 74.
evocati 78.
excubare 78.

Fabius Pictor 60.
fabri 75, 76.
fabula Atellana 57, palliata, togata 57.
fasti 81.
forum 90.
fossa 78.
funditores 75.

Galea 77.
Ge 37.
γενεαλογίαι 12.
γένος δημηγορικόν, δικανικόν, ἐπιδεικτικόν, συμβουλευτικόν 16.
gladius 77.
Gorgias 16, 25.
γραμματεύς 50.
γραφή 49.
γύαλα 34.
γυμνῆτες, γυμνοί 46.

Hades 43.
ἅρμα 31, 34.
hastati 75.
Hebe 42.
ἕδραι 30.
ἡγεμονία 48.
εἵματα 30.
Hekataios 12.
ἡλιασταί 50.
Helios 37, 38.
ἕλκειν τὰ ἱστία 33.
Hellanikos 12.
Hellenismus 19.
ἕνδεκα 50.
ἡνία 32.
ἡνίοχος 34.
Hephaistos 41.
Herakleitos 23.

Here 36.
ἑρκίον αὐλῆς 29.
ἕρκος 28.
ἕρμα 34.
Hermes 41.
Herodotos 12.
Hesiodos 6.
Hipparchos 4.
ἱππεῖς 34, 46.
ἵπποι 34.
ἱστίον 32.
ἱστοδόκη 32.
ἱστοπέδη 32.
ἱστός 32.
ὁδός 48.
Ὁμηρίδαι 2.
Homeros 1.
ὅπλα 32, 34, 47.
ὁπλῖται 46.
horti Caesaris, Maecenatis, Sallustiani 90.
ὕδωρ 51.
ὕμνος 8.
ὑπασπισταί 47.
ὑπέραι 32.
Hypereides 19.
ὑπερῷον 29.
ὑποκριτής 8, 45.
ὑποστράτηγος 47.
ὑσμίνη σταδίη 35.

Jambus 7.
Janiculus 90.
Japetos 36.
ἰατροί 47.
Ibykos 8.
Idus 81.
ἴκρια 32.
Iktinos 54.
Ilias 4.
impedimentum 77.
imperator 76, 80.
imperium 81, 83.
Ino Leukothee 43.
insigne 81.

intervallum 78.
ἰός 35.
Iris 42.
Isaios 17.
ἰσηγορία 52.
Isokrates 17.
ἰσοτελής 17.
iter iustum 77.
iugerum 93.
ius privatum, publicum 88.
Juvenalis 73.

Kalendae 81.
Kallimachos 20, 60.
Καλλιρρόη 54.
κάλοι 32.
καλύπτρη 31.
Kalypso 34.
Karneades 67.
καθαιρεῖν τὰ ἱστία 33.
Κήρ 40.
Kerameikos 54.
κέρας 48.
κήρυκες 47.
κηρύσσειν 49.
Kimonische Mauern 53.
κιθάρα 7.
κίονες 29.
Kirke 37.
κλεψύδρα 51.
κληῖδες 33.
κλῖμαξ 29.
κλισίαι 30, 36.
κλίσιον 29.
κλισμός 30.
κνημίς 34, 47.
κοῖλον 45.
κοινὴ διάλεκτος 20.
κομμός 10.
κοντοί 33.
κόπρος 29.
κόρυς 34.
κορυφαῖος 44.
κόθορνος 45.

κοτύλη 93, 94.
κράνος 47.
κρήδεμνον 31.
κρητήρ 30.
Kritolaos 67.
Kronos 36.
κτίσεις πόλεων 12.
κύαθος 93.
Κυδαθηναίον 54.
κυδοιμός 40.
κύκλα 31.
κυνέη 34.
Kyniker 26.
Kynosarges 54.
κύπελλον 30.
κύριος 50.
κωμῳδία 10, ἡ ἀρχαία κωμ. 11, ἡ νέα κωμ. 20.

Λᾶας 35.
λαμπτήρ 29.
λαύρη 29.
λέβης 30.
legatus 65, 69.
legio 64.
λέκτρον 30.
Leto 39.
λέχος 30, πυκινὸν λέχος 29.
libra 94.
Livius 66.
Livius Andronicus 58.
λογεῖον 46.
λόγχη 47.
λογογράφος 11, 16.
lorica 77.
λόφος 34.
λοχαγός 47.
λόχος 47.
Lucilius 59.
Lucretius 60.
Lulianos 22.
Lupercal 90.
lustrum 84.
Lykeion 55.

Lykurgos 19.
λύρα 6.
Lysias 17.

Mäcenas 62, 63, Maecenatis horti 90.
magistratus curules, non curules, maiores, minores 81, 82.
Maia 41.
manipulus 75.
μάντεις 47.
Martialis 73.
μάστιξ 32.
Mausoleum 91.
μάχαιρα 47.
μέγαρον 29.
μέδιμνος 94.
μέλαθρον 29.
μελίη 35.
μέλος 7.
Menandros 21, 57, 59.
μεσόδμη 32.
meta 92.
μετρητής 93.
μηχανή 46.
miles impeditus 77.
miliarium aureum 91.
milites gravis, levis armaturae 75, legionarii 76.
mimus 57.
μνᾶ 94.
Mnesikles 53.
modius 94.
Munychia 55.
Musen 42.
μύλαι 29.
μυχός 29.

NL = non liquet 89.
Naevius 58.
νέκταρ 36.
Nereiden 43.
νευρή 35.

nominis delatio, receptio 89.
Nonae 81.
nummus 95.

Ὀβολός 94.
obsidio 79.
Odyssee 5.
ὄγκος 45.
οἰήιον 33.
οἴκος 29.
οἰστός 35, 48.
Oleanos 36, 37.
Ὀλυμπιεῖον 54.
Olympos 36, 37.
ὀπισθοφύλακες 48.
oppugnatio 79.
orbis 79.
ὀργυιά 93.
ordo 75.
ὀρσοθύρη 29.
ὀρχήστρα 45.
οὐδός 28, 29.
οὐρά 48.
οὐρός 34.
Ovidius 63.
ὄχεα 31.
ὄχλος 47.

Palatinus 90.
παιανίζειν 48.
Pallas Athene 39.
paludamentum 77.
πανηγυρικὸς λόγος 16, 17.
Pantheon 91.
Parabase 11.
παραγγέλλειν 49.
παρασάγγης 48, 93.
παρδαλέη 31.
παρεγγυᾶν 49.
Parmenides 23.
πάροδος 46.
Parthenon 51.
passus 93.

7*

patres conscripti 85.
patroni 89.
πηδάλιον 33.
πέδιλα 31.
πηδόν 33.
πεζοί 46.
Peiraieus 55.
Pelsistratos 4.
πείσματα 33.
πέλεκυς 35.
πήληξ 34.
pelles 78.
πελτασταί 46.
πεντηκοντύς 47.
πέπλος 30, 31.
περίακτοι 46.
περιήγησις γῆς 12.
περίοδος γῆς 12.
Peripatetiker 27.
Persephone 44.
Persius 72.
περόνη 31.
pes 93.
πεταννύναι τὰ ἱστία 33.
πῆχυς 93.
Phädrus 72.
φάλαγξ 35, 48.
φαρέτρα 35, 48.
φᾶρος 31.
φάσγανον 35.
Pheidias 54.
φεύγων 50.
Philemon 21, 57.
Philo 68.
φιλόσοφος 23.
φόβος 36, 40.
Phoibos Apollon 38.
Phorkys 43.
φυλακαί 35, 49.
Phrynichos 8.
φυγή 36.
pilani, pilus 75.
pilum 77.
Pincius 90.
Pindaros 8.

πλαίσιον 48.
Platon 15, 26.
Plautus 58.
πλέθρον 93.
πλευραί 48.
Plinius 74.
Plutarchos 21.
plutei 80.
Pluton 44.
Pnyx 54.
πόδες 33.
Polybios 21.
Polyphemos 43.
pons sublicius 90.
pontifex maximus 91.
πορεία 48.
Poseidon 36, 42.
postulatio 89.
πότνια 36.
πούς 93.
praeco 85, 87.
praefectus castrorum
    80, equitum, fabrum
    76, praetorio 80.
Prätor 83, 88.
praetorium 78.
Pratinas 8.
primipulus 76.
principes 75, princeps
    senatus 85.
probatio 89.
προβούλευμα 52, 53.
πρόδομος 28, 29.
πρόεδρος 52.
πρόθυρον 28, 29.
πρόλογος 10.
prologus 57.
Propertius 63.
Prophyläen 53.
πρῴρα 32.
προσκήνιον 45.
πρόσωπον 45.
Protagoras 24.
Proteus 43.
πρότονοι 32.

προφύλακες 49.
πρύμνα 32.
πρυμνήσια 33.
πρυτανεία 52.
Prytaneion 54.
ψήφισμα 53.
ψῆφος 51, 53.
ψιλοί 46.
πύλαι 86.
πύργοι 36.
πυρά 49.
Pythagoras 23.

Quaestiones perpetuae
    88.
quaestor 76, 82.
Quästur 82.
quinarius 95.
Quintilianus 74.
Quinctilis = Iulius 64, 80.
Quirinalis 90.

'Ραψῳδός 2.
ῥήγεα 30.
regia 91.
reiectio iudicum 89.
relatio 86.
Rhea 36.
robur 75.
rogatio 87.
rostra 91.
ῥυμός 31.

Sacramentum 76.
saepta 91.
sagittarii 75.
sagum, sagulum 77.
σάκος 34.
Sallustius 65, horti Sal-
    lustiani 90.
salpiktaí 47.
σανίδες 32.
Sappho 7.
sarcinae 77.
satira 57.

σανρωτήρ 35.
saxum Tarpeium 90.
scalae 80, scalae Gemoniae 91.
σκαλμός 33.
σκέλη 55.
scripulum 94.
scutum 77.
σέλμα 32.
sella curulis 81.
σημαίνειν 49.
senatus 85.
senatus consultum 86, ultimum 84.
Seneca 74.
sententiam dicere, rogare 86, sententia iudicum 89.
sestertius 95.
sextarius 93, 94.
Sextilis — Augustus 80.
Sieben Weise 22.
signifer 75.
signum 75, signa inferre 79.
Simonides 7, 8.
σκευοφόροι 47.
σκηνή 45, τὰ ἀπὸ σκηνῆς 10.
σκόλοπες 36.
Sokrates 25.
Solon 4, 6, 22.
Sophisten 24.
Sophokles 9.
σπεῖραι 34.
στάδιον 93.
σταθμοί 29.
στάσιμον 10.
Stasinos 3.
στατήρ 94.
statio 78.
στεῖρα 32.
στέλλειν τὰ ἱστία 33.
stipendium 75.
στίχες 35.

στιχομυθίαι 10.
στοὰ ποικίλη 54.
Stoiker 27.
στόμα 48.
στρατηγός 47.
στρατόπεδον 49.
στρατός 35.
subscriptores 89.
Suetonius 74.
suggestus 78.
σφενδόνη 35, 48.
σφενδονῆται 46.
Tabella 87, 89.
tabulata 79.
Tacitus 73.
τάλαντον 94.
τάπης 80.
τάφρος 36.
τεῖχος 36.
tela 77.
templum 85.
„ Apollinis 90.
„ Bellonae 91.
„ Castorum 91.
„ Concordiae 91.
„ Iani 91.
„ Iovis Capitolini, Statoris 90.
templum Iunonis Monetae 90.
tentoria 78.
Terentius 48.
tessera 87.
testudines 80.
Tethys 36.
θάλαμος 29.
Thales 22.
θέατρον 45.
Themis 42.
Theognis 6.
Theokritos 20, 60.
Theophrastos 27.
θεσμοθέται 50.
Thespis 8.

Thetis 41, 43.
θόλος 29. 54.
Thoosa 43.
θρῆνος 8.
θρῆνυς 30.
θρόνος 30.
θυμέλη 45.
θᾶκοι 30.
θώραξ 34, 47.
Thukybides 13.
Tibullus 63.
tirones 76.
Tithonos 37.
toga praetexta 81, virilis 68.
τοῖχος 28.
τόξευμα, τόξον 35, 48.
τοξόται 34, 46.
tormenta 79.
τραγῳδία 8.
τράπεζα 30.
τρίαινα 42.
triarii 75.
tribunal 78.
Tribunat 82.
tribuni militum 76.
τρίποδες 30.
triumphus 76, 80.
τρόπις 32.
τροπός 33.
τροχοί 31.
tuba 79.
tubicines 75.
Tullianum 91.
tunica 77, tunica laticlavia 85.
turma 75.
turres 79.
Tyrtaios 6.

UR — uti rogas 87.
uncia 94.

Vallum 78.
vallus 77.

vasa 77.
Bergilius 61.
versus Saturnins 58.
Bestalinnen 91.
vexillum 80.
veterani 76.
via Appia, lata, Flaminia 92.
via sacra 91.
viae 78.

vigilia 78.
Viminalis 90.
vineae 79.

Xenia 72.
Xenophanes 23.
Xenophon 13
ξέστης 93.
ξεστοὶ λίθοι 29.

ξίφος 85, 47.
ξυστόν 36.

βεα 55.
βenon 27.
βeus 36, 37, Ζεὺς ἑρκεῖος 29, σωτήρ 48.
ζυγόν 32.
ζώνη 31.
ζωστήρ 34.

www.ingramcontent.com/pod-product-compliance
Lightning Source LLC
Chambersburg PA
CBHW020138170426
43199CB00010B/791